Karin Kontny

50 Dinge, DIE EIN RICHTIGER
BADEN-WÜRTTEMBERGER GETAN HABEN MUSS

Karin Kontny

50 DINGE,

DIE EIN RICHTIGER
BADEN-WÜRTTEMBERGER
GETAN HABEN MUSS

2. Auflage 2018

© 2015/2018 by Silberburg-Verlag GmbH,
Schönbuchstraße 48, D-72074 Tübingen.
Alle Rechte vorbehalten.
Umschlag, Gestaltung und Satz: Björn Locke, Nürtingen.
Druck: Gulde-Druck, Tübingen.
Printed in Germany.

ISBN 978-3-8425-1378-5

Besuchen Sie uns im Internet und entdecken
Sie die Vielfalt unseres Verlagsprogramms:
www.silberburg.de

Ihre Meinung ist wichtig ...

... für unsere Verlagsarbeit. Wir freuen
uns auf Kritik und Anregungen unter:

www.silberburg.de/Meinung

INHALTSVERZEICHNIS

7

VORWORT

Was muss ich mir nicht alles anhören, wenn ich mich auf meinen Reisen als Baden-Württembergerin zu erkennen gebe. Die Bemerkung »Was, Sie? Das kann ja gar nicht sein!« gehört dabei noch zu den harmlosesten. Offenbar fehlt mir einiges, was so eine richtige Ländles-Pflanze ausmacht. Und das, obwohl ich im Remstal geboren bin und noch dazu unweit des geographischen Mittelpunkts von Baden-Württemberg lebe. Wer also, wenn nicht ich? Zugegeben: Ich spreche meistens hochdeutsch. Und das dürfte ich, glaubt man einer Image-Kampagne des Landes Baden-Württemberg, gar nicht beherrschen. Aber wer glaubt schon solchen Slogans? Also habe ich mich auf die Suche gemacht. Bin durch die Region gereist. Habe »Ureinwohner«

Baden-Württembergs, Zugezogene – also »Reigschmeckte« – und Menschen aus zig Nationen gefragt, was man angeblich kennen, können und getan haben sollte, um dazuzugehören zum Bindestrichland Baden-Württemberg. Und soll ich dir was sagen? Es ist gar nicht so schwer. Am Ende kam eine Liste von 50 Dingen zusammen, die man angeblich beherrschen muss, um hier den »Einbürgerungstest« zu bestehen und integriert zu werden. Ja, ein paar Klischees und Vorurteile haben sich natürlich auch daruntergemischt. Aber auch einige Überraschungen. Die Devise dieses Buches heißt auf jeden Fall »mitmachen«. Denn die besten Landkarten zeichnet man auf Basis von Erlebnissen und Begegnungen. Falls du in Baden-Württemberg geboren bist, überprüfe mit den Aktionen in diesem Reise- und Kulturführer doch einfach einmal, ob du tatsächlich alle Kriterien erfüllst. Bist du zum Beispiel fähig eine »rechte Kehrwoch'« zu erledigen, kannst also mit Kehrschaufel, Eimer und Besen umgehen? Warst du jemals eisbaden im Bodensee? Hast du schon einmal selbst Maultaschen zubereitet

oder wie der britische Thronfolger Prinz Charles im Hohenlohischen eines der dort typischen »Schwäbisch-Hällischen Landschweine« gestreichelt? Wann hast du zuletzt ein Gedicht von Friedrich Schiller aufgesagt oder noch besser: deine Heimat zu Fuß erkundet? Du musst es ja nicht gleich so übertreiben wie ich und die rund 600 Kilometer lange historische Grenze zwischen Baden und Württemberg abwandern. Einer der Fernwanderwege reicht vollkommen aus, um das 1952 aus zwei Teilen zusammengefügte Land Baden-Württemberg und alle seine Eigenheiten zu erleben. Entdecke auf und mit den nächsten Seiten, dass auf einem Quadratmeter »Ländle« mehr Überraschungen und Abenteuer warten können als auf einem ganzen Kontinent. Und nicht vergessen: Dokumentiere deine Erfolge, hake ab, was du geleistet hast. Damit dieses Buch so einzigartig wird wie du und Baden-Württemberg selbst!

Viel Spaß dabei wünscht
Karin Kontny

Auch Friedrich Schiller rezitierte seine Gedichte gerne vor Publikum.

1

IM RAMPENLICHT

Auf der Terrasse des Marbacher Literaturmuseums vor Publikum ein Gedicht von Schiller aufsagen

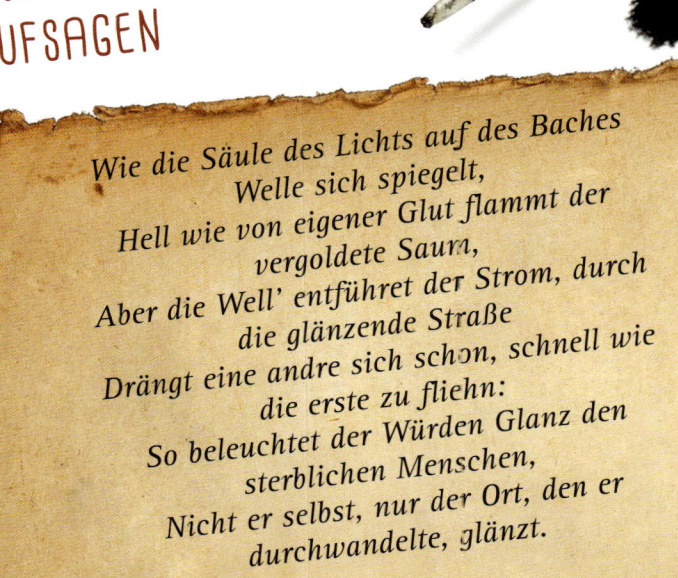

Gaaaanz locker bleiben. Gleich geht es los. Konzentriere dich nur auf dich. Stehst du gut? Und jetzt noch einmal tief durchatmen. Du kannst das. Einfach klar und deutlich sprechen, es sind nur ein paar Verszeilen:

Wie die Säule des Lichts auf des Baches Welle sich spiegelt,
Hell wie von eigener Glut flammt der vergoldete Saum,
Aber die Well' entführet der Strom, durch die glänzende Straße
Drängt eine andre sich schon, schnell wie die erste zu fliehn:
So beleuchtet der Würden Glanz den sterblichen Menschen,
Nicht er selbst, nur der Ort, den er durchwandelte, glänzt.

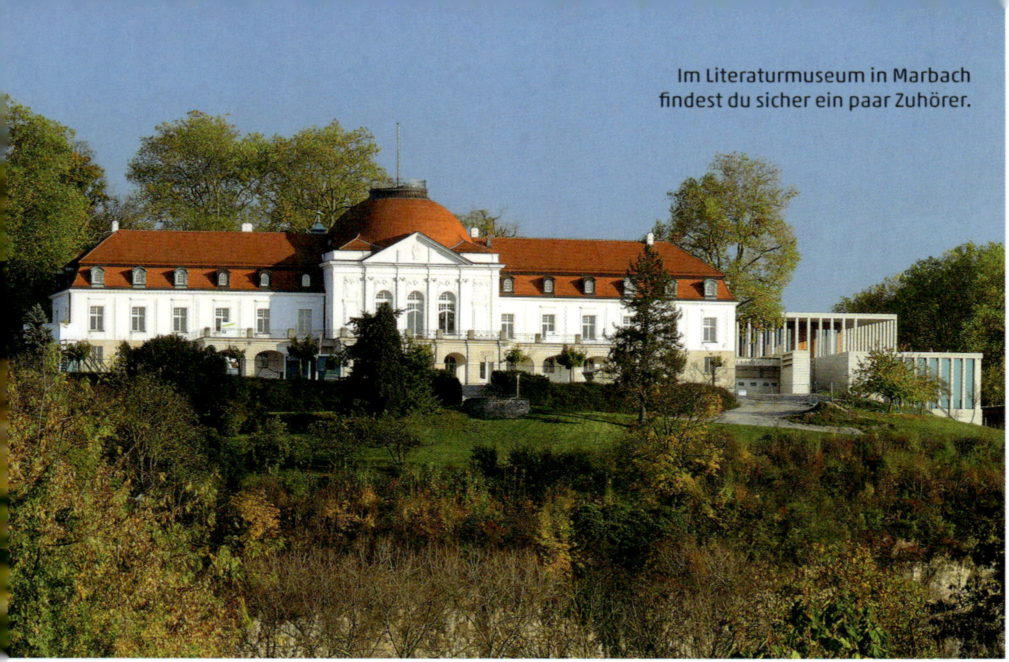

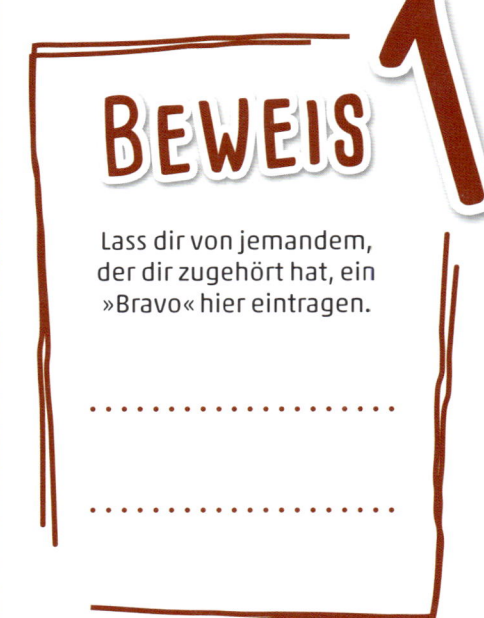

Im Literaturmuseum in Marbach findest du sicher ein paar Zuhörer.

BEWEIS 1

Lass dir von jemandem, der dir zugehört hat, ein »Bravo« hier eintragen.

....

....

Wunderbar! Du hast es geschafft. Friedrich Schiller wäre stolz auf dich. Du hast ihm in seiner Heimatstadt Marbach alle Ehre erwiesen und eines seiner Gedichte rezitiert. Des Poeten Glanz wird nach dieser mutigen Tat ewig auf dich abfärben! Ein Literaturmuseum besuchen und sich in Vitrinen alte Schriften ansehen kann ja schließlich jeder. Weiter so! Aus dir wird auf jeden Fall ein echter Baden-Württemberger. Und vielleicht versuchst du's demnächst mal mit ein paar eigenen Versen?

PS: Solltest du zu den eher scheuen Geschöpfen gehören und mit Lampenfieber zu kämpfen haben: Du darfst das Gedicht auch ablesen.

2

FESCHE FEGER

In der Landeshauptstadt einen Kurs in Sachen »Kehrwoche« belegen

Da hängt es wieder, dieses Schild. Direkt neben der eigenen Wohnungstür. Kündet vom Unheil, das am Ende der Woche so sicher über einen kommen wird wie das »Amen« in der Kirche. Obwohl, es soll ja Baden-Württemberger geben, die die »Kehrwoche« lieben. Und den regelmäßigen Reinigungsdienst in und vor dem Haus bis aufs Äußerste verteidigen. So geschehen etwa am 17. Dezember 1988 in der Landeshauptstadt Stuttgart. Deren damaliger

Eine saubere Sache, die Kehrwoche.

Oberbürgermeister Manfred Rommel hatte es gewagt, das als württembergisch, also urschwäbisch, geltende Heiligtum anzutasten. Und schaffte die Kehrwoche für öffentliche Straßen und Gehwege ab. Was für ein Affront! Denn bis dato galten für die Stuttgarter Bürger strenge Regeln, an die sich hielt, wer etwas von sich hielt. Fegte man bei der »kleinen Kehrwoche« nur den Flur vor der eigenen Tür und die zum nächsten Stockwerk hinunterführenden Treppenstufen, ging's bei der »großen Kehrwoche« so richtig zur Sache. Kellertreppe und Keller, alle Gemeinschaftsräume, der Hauseingang und das Trottoir vor dem Haus mussten mit gründlichen Besenstrichen gesäubert werden. Am besten natürlich

Kehr-Woche

Nach der Hausordnung sind im wöchentlichen Wechsel, beginnend mit jedem Sonntag früh, zu reinigen

vom oberen Stockwerk auf den Dachboden:
Die Treppen, Treppenhausfenster und Vorplätze
gegen das Untergeschoß und den Keller:
Die Treppen, Vorplätze und Gänge

außerhalb des Gebäudes:
Die Knöpfe der Klingelanlage, die Haustüre einschließlich des Schlosses, der Hof sowie die Treppen, Zugänge und Einfahrten zur Haustüre, die Gehwege bzw. die Straße nach der örtlichen Polizeiverordnung sowie im Winter täglich (im Bedarfsfall mehrmals täglich) Schnee und Eis zu beseitigen und anschließend zu streuen.

Der bei der Kaminreinigung innerhalb der Kehrwoche anfallende Ruß ist sofort gründlich zu entfernen.

Das Reinigen der Treppen und der Treppenhausfenster besorgen die Mieter im Wechsel je für ihr Stockwerk. Ebenso reinigen die Mieter die Kellerfenster und Lichtschächte vor ihren Kellerräumen.

In dieser Woche ist die Reihe an Ihnen

087.03/85 Formularverlag W. Kohlhammer Stuttgart (Priv. Nr. 31) 610-69

an einem Samstagvormittag. Damit es ja auch die Nachbarn sehen. Und genau diesen vor allen den Schwaben nachgesagten Hang zur Sauberkeit wollte Rommel also verbieten. Aber er hatte wie gesagt seine Rechnung ohne die Stuttgarter gemacht. Sie beharrten auf ihrem Recht auf die Kehrwoche. Und kehren darum bis heute die Straße vor dem Haus mit. Wer's ganz ordentlich mag, der wischt sogar die gemeinschaftlichen Mülltonnen noch feucht aus. Da kann Spott und Häme über dem Putzenden ausgegossen werden, können die Schimpfworte »Spießer« und »Kleinbürger« wie dreckiges Wischwasser an einem herabfließen: Die Kehrwoche ist und bleibt eben nicht nur eine Klausel im Mietvertrag, sondern ein Lebensgefühl. Eines, dessen Ursprung man übrigens gar nicht so genau kennt. Die gängige Meinung ist die, dass die württembergische Kehrwoche auf zahlreichen Erlassen beruht, die seit Ende des 15. Jahrhunderts herausgekommen sind. Es gibt aber auch Stimmen, die behaupten, die Schwaben hätten die Kehrwoche den Badenern abgeschaut. Und die wiederum seien von Napoleon dazu verdonnert worden, Straßen und Häuser sauber zu halten. Wie auch immer: Eine »rechte Kehrwoch'« findest du nur in Baden-Württemberg. Da mögen auch in Thüringer Plattenbauten Kehrwochenschilder noch so deutlich die wöchentliche Pflicht anmahnen, können die Berliner Stadtreinigungsbetriebe die deutsche Hauptstadt mit »Wekehr for you«-Plakaten zupflastern. Mit »Kutterschaufel«, »Besa«, »Putzoimer« und »Putzlumpa« kennen sich nur die feschen Feger im Ländle wirklich gut aus. Nicht umsonst werden hier auch immer wieder Kehrwochenkurse angeboten. In der baden-württembergischen Landeshauptstadt Stuttgart sieht das zum Beispiel so aus: Du meldest dich bei der Stadtführung »I han Kehrwoch« an. Die versierte Reinigungskraft »Frau Schwätzele« zeigt dir nicht nur interessante Orte in Stuttgart, sondern führt dich in breitem Schwäbisch und natürlich mit Staubtuch und Besen auch in die wichtigsten Regeln der Schwäbischen Kehrwoche ein.

Tipp: Wenn du in einer »Kittelschürze« erscheinst und beim Nachputzen das Lied »Kehrwoch« des Schwabenrappers »MC Bruddaal« vor dich hinsingst, beeindruckst du die anderen Kurs-Teilnehmer ganz besonders.

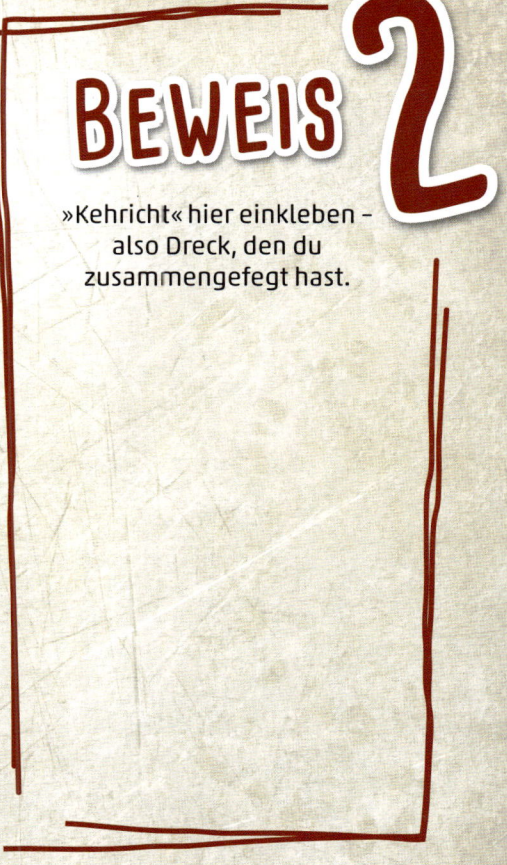

BEWEIS 2

»Kehricht« hier einkleben – also Dreck, den du zusammengefegt hast.

3

Einfach mal Dampf ablassen

Eine Zigarre rauchen in Mannheim

Der ehemalige deutsche Bundeskanzler Ludwig Erhard kam nicht ohne sie aus, Marlene Dietrich hatte ständig ein paar kleine dabei. Und auch Mark Twain konnte ohne Zigarren nicht leben. Bis zu 40 Stück am Tag soll er geraucht haben. Vielleicht hätte der Schriftsteller bei seinem Bummel durch Europa also einen besseren Eindruck von der Stadt Mannheim gehabt, hätte er sich dort eine Zigarre gekauft. Denn die Region um Mannheim gehörte

Tabak wird aufgeschüttelt.

Das Gebäude der Firma Josef Strack um 1950 und heute.

damals zum größten Tabak-Anbau-gebiet in ganz Deutschland. Statt-dessen hörte Twain die Wagner-Oper »Lohengrin«. Und klagte: »Die mitleidlose Quälerei hat ihren Platz in meiner Erinnerung gleich neben der Erinnerung an die Zeit, da ich mir meine Zähne in Ordnung bringen ließ.« Während Richard Wagners

Musik trotz dieses Urteils noch heute regelmäßig auf dem Spielplan des Nationaltheaters steht, ist die Tabakindustrie in Mannheim leider eingegangen. Dabei hatte im Jahr 1812 die bekannte Bremer Tabakwa-renfabrik »A. H. Thorbecke« extra eine Filiale in Mannheim eröffnet, weil das Geschäft mit den Rauchwaren

im Südwesten so blühte. 1836 gab es in der Stadt schon neun Tabakpro-duzenten. Um 1850 waren es bereits rund 40 Tabakfabriken. Eine dieser Firmen gehörte dem jüdischen Fab-rikanten Lazarus Morgenthau. Seine Produktion befand sich mitten in den Quadraten, in A 2, 4. Aber auch am Rheinhafen wurde Tabak verarbeitet

Tabakblätter werden zum Trocknen aufgehängt.

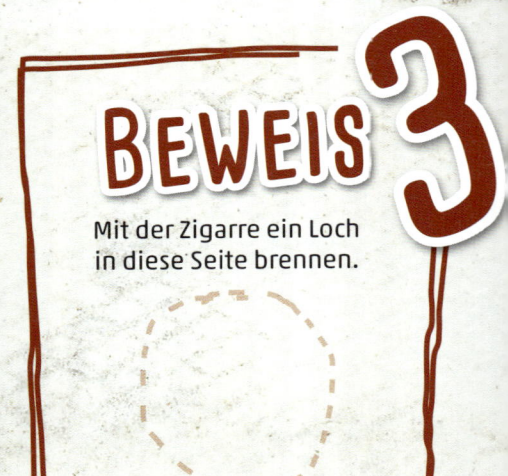

– wie in fast allen Fabriken in und um Mannheim übrigens von Frauen. Das Backsteingebäude der Firma »Josef Strack & Co.« steht noch heute. Längst verpackt man aber auch hier keine Zigarren mehr in Holzschachteln. In den 1980er-Jahren schloss mit »Neuhaus-Zigarren« dann die letzte Mannheimer Tabakfabrik ihre Pforten. Zu groß die Konkurrenz aus Amerika, zu klein der Kreis der Abnehmer. Im Internet aber finden sich hier und da noch immer ein paar alte Holzschachteln mit Inhalt, die ersteigert werden können. Also nichts wie ran und mitgeboten! Wenn du Glück hast, lassen sich die Zigarren sogar noch rauchen. Am besten, du stellst dich damit vor das Nationaltheater und lässt dort wie Mark Twain Dampf ab. Rauchenderweise, versteht sich!

4

ICH HAB 'NEN KNALLROTEN BOLLENHUT

MIT DEM SCHWARZWALDHUT DURCH KARLSRUHE

Wenn für Deutschland oder Baden-Württemberg geworben wird, dann ist ein Schwarzwaldmädel mit Bollenhut garantiert nicht weit. Ein Klischee lässt grüßen? Ja, aber es ist auch was dran am Bollenhut. Vierzehn rote Wollkugeln nämlich und ein Tüllschleier. Den trug 1989 das

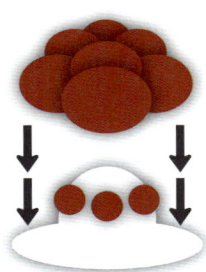

Dieses Schwarzwald-mädel ist noch zu haben.

Titelmädchen auf einer Ausgabe des »Merian« über den Schwarzwald doch tatsächlich hinten. So was von falsch herum aber auch! Eine Lappalie, denkst du? Von wegen! Sag das mal einem der Gutachter der Initiative »Schützt den Bollenhut«. Die nämlich hat es sich zur Aufgabe gemacht, dass der auffällige Hutschmuck mit den roten Wollkugeln nur von denjenigen getragen wird, die auch die entsprechende Tracht dazu anziehen dürfen. Im Grunde genommen sind das nur unverheiratete Mädchen aus Rimbach, Reichenbach und Gutach. Denn in diesen drei evangelischen Schwarzwalddörfern gehört der Kopfputz zum Kirchengewand. Getragen wird er das erste Mal bei der Konfirmation und auch bei anderen Feiern. So lange, bis sich jemand findet, der das Mädel unter dem Hut heiratet. Praktisch eigentlich: Die weithin leuchtenden roten Bollen zeigen auf einen Blick, wer noch zu haben ist. Denn nach der Hochzeit tragen die Frauen einen Kopfschmuck mit schwarzen Wollkugeln. Nein, kein Zeichen der Trauer. Aber vielleicht eines dafür, dass jetzt der Ernst des Lebens beginnt. Einige dieser rot- als auch schwarzkugeligen Trachtenhüte hat Gabriele Aberle angefertigt. Nur wenige sind wie sie in die Geheimnisse des Bollenhuts eingeweiht. Aber auch sie kann nicht mehr so genau sagen, was etwa die Anzahl der Pompons zu bedeuten hat. In ihrer Familie wurde die Hutkunst zwar vererbt, aber auch da geht einmal was verloren. Zwei Kilo rotgefärbte Schafswolle verbraucht Gabriele Aberle für die Bollen, die sie in Kreuzform anordnet. Nur ein paar der Kugeln sieht man am Ende wirklich. Wie die Rosen eines Blumenkohls sind sie auf einem Strohhut aufgetürmt. Damit die Krempe des Huts unter dem Gewicht der vielen Bollen nicht nach unten hängt, wird sie mit Gipsmilch bestrichen. Ist diese trocken, verwandelt sie den Hut in eine ziemlich zerbrechliche Sache. Fällt er seiner Trägerin beim Gehen herunter, ist er hin. Und damit rund 400 Euro futsch. Für ihren Gang durch Karlsruhe würde Gabriele Aberle aber sowieso keinen ihrer Schätze herausrücken. Schließlich ist der Bollenhut kein Faschingskostüm, und du stammst aller Wahrscheinlichkeit nach wohl eher weniger aus den besagten drei Dörfern. Kauf dir also eine Fälschung. Mit 50 Euro bist du in den meisten Trachtengeschäften schon dabei. Hut auf. Und ab durch die Fußgängerzone. Achte aber darauf, dass du niemandem von der Initiative »Schützt den Bollenhut« über den Weg läufst. Obwohl – es heißt, die Verfechter der Tradition seien milder geworden. Längst schreiben sie keine bösen Briefe mehr, wenn ein Fotomodell mal wieder den Hut falsch herum trägt oder sich selbst Joghurtdeckel zu Werbezwecken mit dem Bollenwunder schmücken. Wenn's hilft.

BEWEIS 4

Beweisfoto

Bollenhut in der Fußgängerzone getragen am:

. . . .

5

Es lebe die Liebe!

An der Grenze zum Elsass zur Völkerverständigung beitragen

Nur 111 Kilometer Luftlinie von der Landeshauptstadt Stuttgart entfernt liegt Kehl. Und damit die Gelegenheit, von hier aus entweder einen Abstecher zum Einkaufen ins französische Straßburg zu machen. Oder noch besser: zum Frieden in Europa beizutragen. Alles, was du dafür tun musst, ist, einen Fuß vor den anderen zu setzen, freundlich die Arme auszubreiten, die Lippen zum Kussmund zu schürzen – und über die Mimram-Brücke zu spazieren. Die nämlich verbindet zwei Grenzregionen am Rhein, die einst bitter verfeindet waren. Über

Jahrhunderte war das Elsass ein Zankapfel zwischen Frankreich und Deutschland. Ein symbolträchtiger Steg also, der da im Rahmen der ersten grenzüberschreitenden Gartenschau der Städte Straßburg und Kehl im Jahr 2004 entstanden ist. Und genau auf dieser Brücke sollst du jetzt den Symbolen Taten folgen lassen. Ja, gehe auf einen Franzosen oder eine Französin zu und zeige, dass die alten Zeiten vorbei sind! Sei weltoffen und spreche die Sprache, die alle Menschen verbindet: die der Liebe. Zeig, was ein echter EU-Bürger ist und was ein echter Baden-Württemberger einfach phantastisch gut kann. »Älles« nämlich. Vor allem aber küssen. Doch halt! Damit du nicht gleich als aufdringlicher Sittenstrolch von der französischen Gendarmerie festgenommen wirst, solltest du dein Gegenüber nicht feucht auf den Mund küssen, sondern die perfekte »Bise« hinlegen. Also erst einmal die Hand zur Begrüßung ausstrecken.

Symbolisiert den Frieden zwischen Frankreich und Deutschland: die Mimram-Brücke.

23

Die Mimram-Brücke entstand im Rahmen der ersten grenzüberschreitenden Gartenschau der Städte Straßburg und Kehl im Jahr 2004.

Angela Merkel und Emmanuel Macron wissen, wie's geht.

Kurz drücken. Nicht schütteln. Dann die rechte Wange des Gegenübers ansteuern. Küsschen hin, Küsschen her. Ganz zart und eigentlich auch gar nicht richtig. Nur angedeutet, versehen mit dem dazugehörigen leisen (!) Schmatzgeräusch. So ist's gut. Und wie oft? Da scheiden sich auch die französischen Geister. Je nach Region variiert nämlich die Zahl der Küsse. Am besten fragst du einfach vorher: « Vous faites combien ? » – »Wie viele Küsschen gebt ihr denn so?« Schon kann sie beginnen, die deutsch-französische Freundschaft. Und dann gibt's zur Feier des Tages vielleicht noch einen Kaffee oder ein Glas Rotwein in einem der Cafés im Viertel »Zwei Ufer«.

BEWEIS 5

Beweisfoto

Knipse ein Selfie mit Franzose.

6

Auf zum Straßenpicknick

Im Stau stehen auf der A8

Keinen Meter vor und keinen zurück. Mehr Stop als Go. So sieht's auf den Straßen aus, wenn Sonne, Süden, Ferien locken. Oder Feierabend und Wochenende sich ankündigen. Genau 32 Jahre (!) wärst du 2014 im Stau gestanden, hättest du dich in alle 475 000 Staus in Deutschland eingereiht.

960 000 Kilometer lang waren die Blechlawinen, die in diesem Jahr aus dem Nichts, wegen eines Unfalls oder wegen irgendeines blöden »...« (na, das sag ich jetzt mal besser nicht)

Picknick im Park kann jeder. Aber auf der Straße ...

entstanden sind. Ganz vorne in Sachen Stau spielt Baden-Württemberg mit. Immerhin 14 Prozent des gesamten Staudesasters gehen auf unsere Kappe. Platz drei, kurz nach den Bundesländern Bayern (19 Prozent) und Nordrhein-Westfalen, das mit 30 Prozent ungeschlagen die Liste der Staus anführt. Wer wird noch mal von einer grün-roten Landesregierung geführt? Na, na, na, Baden-Württemberg! Da sind in Sachen Straßenverkehr aber noch einige Hausaufgaben zu erledigen. Ausreden wie: »Bei uns rollt eben der Ferienverkehr« oder: »Die Autobahn A 8 ist mit einer Gesamtlänge von 497 Kilometern die wichtigste West-Ost-Verbindung Süddeutschlands« lass ich da nicht gelten. Vor allem nicht auf der A 8 zwischen Karlsruhe, Stuttgart und Ulm. Wenn ich im Radio von irgendeinem »Staupiloten« diese drei Städtenamen höre, weiß ich: Gleich spielen sich auf der Strecke wieder Dramen ab. Wie in diesem italienischen Film, der 1979 bei den Filmfestspielen von Cannes die Kritiker begeisterte. Nicht weit von Rom entfernt kommt auf einem Autobahnabschnitt in dem Streifen »Stau« der Verkehr zum Erliegen. Kein italienischer Fluch, der da nicht erklingt. Und dann dieses Hupen. Zum Verrücktwerden! Und erst die Streitereien, die sich zwischen den Autoinsassen aufbauen wie dunkle Wolken vor einem Gewitter. Und so etwas sollst du dir jetzt freiwillig antun, nur um ein richtiger Baden-Württemberger zu werden oder zu bleiben? Ja, denn aus Schaden wird man ja bekanntlich klug. Und erst, wer einmal einen Stau auf der Autobahn A 8 mitgemacht hat, der kann auch »mitschwätza«

»I'm still standing, yeah, yeah, yeah!«

und »mitbruddla«, also mitreden und -nörgeln. Und damit zwei angeblich typisch schwäbische Eigenschaften gleichzeitig abhaken: den Hang zum Tratsch (positiv formuliert: den zur informativen Unterhaltung) und zur Unzufriedenheit, auch gerne als »Fähigkeit zur konstruktiven Kritik« verpackt. Du bist eher von der optimistischen

Sorte und gehst mit Problemen anders um? Warum nicht? Dann lebe deine (badische) Frohnatur aus! Picknickgelage auf dem Standstreifen werden von der Polizei zwar nicht so gern gesehen, sie können aber ungemein verbinden. Zum Beispiel mit dem Schweizer Pärchen im Auto vor einem, das gerne seinen Reiseproviant teilt. Wenn du Glück hast, nutzt ein Fernseh- oder Radiosender genau deinen Stau, um Werbung für sich zu machen, und die Mitarbeiter verteilen mitfühlend – je nach Jahreszeit – Eis oder warmen Tee mit Butterbrezeln. Das macht auch Schwaben glücklich, denn schließlich wird so »gschpart«. Und wer spart (negativ formuliert: geizt), der kann sich schneller ein schönes Eigenheim leisten. Aber darum geht es ja jetzt nicht. Sondern ums Singen. Singen gegen Frust. Auch das ein Mittel, das gerne angepriesen wird. Regelmäßig vor der Urlaubswelle spucken die Medien neue Hitlisten aus. »I'm still standing, yeah, yeah, yeah«, »Stuck in the middle with you«,

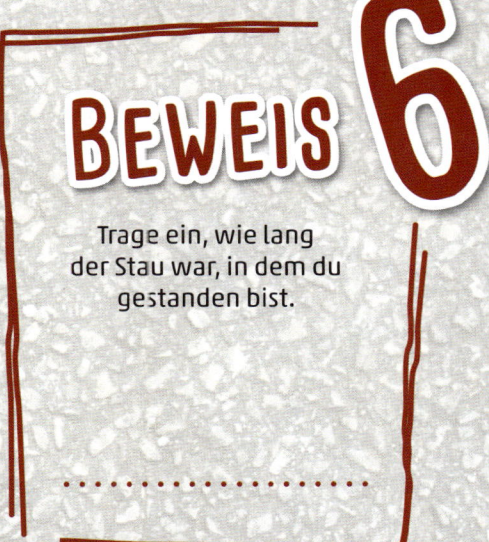

BEWEIS **6**

Trage ein, wie lang der Stau war, in dem du gestanden bist.

• • • • • • • • • • • • • • • • • • •

»Life is a traffic jam«. Eine bunte Sauce amerikanischer Hymnen über die schrecklichste Nebensache der Welt, den Stau. Warum eigentlich spielt niemand mehr »Es geht auch ohne Auto«, diesen Hit aus den 1930er-Jahren? Ach, ganz vergessen: Baden-Württemberg ist ja auch das Zentrum der deutschen Fahrzeugindustrie.

7

BADEN-WÜRTTEMBERGS NEXT TOP-MODEL

IN ALBSTADT EINE UNTERHOSE STRICKEN

Ja, ich weiß, man macht das als unabhängige Journalistin nicht: Werbung. Aber ich muss jetzt einfach einmal ein paar Namen nennen. Nicht wertend, einfach bunt durcheinander, drunter und drüber. Denn darum geht's ja auch: um das, was wir darunter und darüber tragen. Um Mode. Ob Unterwäsche von »Mey«, »Schiesser«, »Speidel«, »Nina von C.« oder Kleidung von »Marc Cain« oder »Trigema« – all diese Marken werden auf der Schwäbischen Alb hergestellt. Jawohl, dieser Landstrich, auf dem mehr Steine auf den Feldern liegen, als Getreide wächst. Eine karge, eine raue Gegend, diese Alb. Und genau hier laufen die Fäden zusammen. Ein Mekka der Textilindustrie. Immer noch. Oder besser: wieder. Denn schon in den 1970ern hieß es, die Textilindustrie auf der »Schwaben-alb« sei tot. Doch der Puls der Mode schlägt weiter. Besonders in und um Albstadt. Hier hat man sich schon im Jahr 1836 auf »Trikotagen«, also Unterwäsche, Hemden oder Blusen spezialisiert. Die Technik dafür – sogenannte Rundwirk-maschinen – holte man sich zunächst aus Belgien. Diese Maschinen »strickten« meterweise röhrenförmige Stoffe, die man nur noch zurechtschneiden, bleichen, färben und mit ein paar wenigen weiteren Kunstgriffen veredeln musste. Schwupps, schon waren die Unterhosen fertig. Zum Beispiel auch solche Slips, in denen Frau schnell auf die Toilette gehen konnte, ohne sich allzu vieler Kleidungsstücke entledigen zu müssen. Im Stehen. Wie ein Mann. Einfach Klappe am Höschen öffnen. Und Wasser marsch! Die Unterwäsche-Mode von heute hat mit diesem etwas gröberen Modell freilich nichts mehr zu tun. Man macht in feine »Lingerie«, setzt auf sexy, elegant und klassisch. Auf das über Jahre angesammelte

Hat ihren eigenen Reiz:
Strick- oder Häkelunterwäsche.

Lass dich im Maschenmuseum in Albstadt für deinen Strick-Slip inspirieren.

Wäsche-Wissen und wenn möglich auch darauf, dass der Stoff im Ländle produziert oder wenigstens noch genäht wird. Und das gilt nicht nur für die Unterhose. Im Maschen-Museum in Albstadt-Tailfingen kannst du entdecken, wie Maschen von der Schwäbischen Alb zum Stoff der Träume wurden. Eine ganz besondere Erfolgsgeschichte legt der Berliner Designer Peter Plotnicki zusammen mit dem Eigner der Albstädter Textilfirma »Gota«, Rudolf Loder, hin. Nach dem Vorbild eines alten langärmligen Unterhemdes, das Plotnicki auf dem Flohmarkt gefunden hatte, stellten die zwei auf historischen Strickmaschinen Unterhemden im Retro-Look her. Die Marke »Merz beim Schwanen« könnte Baden-Württembergs Top-Model werden. Wenn du ihr mit deiner selbst gestrickten (oder gehäkelten) Unterhose nicht den Rang abläufst.

BEWEIS 7

Strickmuster für deinen Strick-Slip einkleben.

8

WO DIE MORDSLUST WARTET

AUF DER BODENSEE-FÄHRE EINEN TATORT ERFINDEN

» Irgendwo da muss sie liegen. Mit steinernem Blick fixiert Imperia das schwarzblaue Wasser. Einmal um die eigene Achse dreht sie sich. Dann durchschneidet ein Quietschen den Himmel über dem Hafen von Konstanz. Imperia, Wahrzeichen der Stadt, steht still auf ihrem Sockel. Ihre ausgebreiteten Arme scheinen den Verlauf der alten Grenze

Es ist wieder passiert. War es Mord?

zwischen Baden und Württemberg anzudeuten. Keine aktuelle Landkarte verzeichnet sie. Aber noch immer zieht sie sich wie ein Absperrband von Konstanz, dem südlichsten Zipfel Badens, weit über den Bodensee ins schwäbische Land. Eine Grenzlinie aus Vorurteilen. Drüben, da wohnt das engstirnige Schwabenvolk, das sich nichts gönnt. Die mit Häusle von Wüstenrot und mangelndem Humor. Schwabenseckel eben. Dagegen die Badenser: faules und leichtlebiges Volk, das sich den Württembergern gegenüber seit je benachteiligt fühlt. Im Schatten von Schwaben.«
Das könnte doch ein Einstieg sein. Für was? Na, für den neuen, alten Bodensee-Tatort eben. Der SWR sagt zwar: Ende 2016 ist es aus, Klara Blum und Kai Perlmann dürfen nicht mehr am Bodensee ermitteln. Basta! Allen Einschaltquoten zum Trotz. Schon jetzt flattern dem SWR Bewerbungen aus diversen Städten Baden-Württembergs ins Haus. Ulm, Freiburg, Mannheim und Heidelberg – alle wollen

Ach, wenn's mir doch nur gruselte: die Bodenseefähre bei Nacht.

sie den Tatort für sich. Du aber wirst mit deinem Drehbuch beweisen: Die Bodenseeregion ist und bleibt der beste Drehort für den Mord zum Sonntag. Einen besonders inspirierenden Platz zum Schreiben findest du auf der Autofähre vom badischen Konstanz ins »schwäbische« Meersburg. Nachts. Zwischen 0 und 4 Uhr morgens quert das Schiff den See, den die Baden-Württemberger gerne auch mal ihr Meer nennen. Etwa fünf Kilometer lang ist die Strecke und schon in 15 Minuten ist die Fahrt vorbei. Also schreib um dein Leben! Aber denk daran: Die Konkurrenz schläft nicht.

Klara Blum zu Kai Perlmann:
»Die Leiche wurde mit einem Bleistift hingerichtet.«
Perlmann (nuschelt): »Meine auch.«
Klara Blum (fragender Blick, ohne Worte).
Perlmann: »Entschuldigung. Wollte sagen: Es war ein Rotstift, ungespitzt.«

BEWEIS 8

Den Fahrschein
ins Totenreich – pardon, über
den See – hier einkleben.

9

DICH KRIEG ICH WEICH

FILDERKRAUT SELBST ZUBEREITEN

Baden-Württemberg kann's mit den Franzosen kulinarisch aufnehmen. Eine kühne Behauptung? Eher weniger. Das beweisen nicht nur die Sterneköche der Region, die vom berühmten Guide Michelin oder vom Gault Millau mit Sternen dekoriert wurden. Sondern vor allem die Zutaten. Die sind nicht weniger spitze. Und manchmal sogar spitz. Wie das Spitzkraut von den Fildern, einer Ebene unweit des Talkessels von Stuttgart. Weil das vor rund 400 Jahren erstmals angebaute »Filderkraut« mit dem kegelförmig zulaufenden Hut anders als sein runder Kohl-Kollege feinblättriger und damit auch zarter im Geschmack ist, wurde es schon um 1900 waggonweise von der Filderebene mit der Eisenbahn ins Elsass und nach Paris in die Metropole der »Haute Cuisine« exportiert. Seit 1980 wächst das »Schwabenkraut« auch in der Provence. Einer Städtepartnerschaft zwischen Leinfelden-Echterdingen und Manosque sei's gedankt. Denn Saatgut und Setzlinge werden außer an die französischen Freunde nicht weitergegeben. Das Filderkraut ist darum bis heute eine lokale Sorte geblieben. Grund dafür ist auch die Tatsache, dass die Ernte des Spitzkrautkopfs viel aufwendiger ist als die seines runden robusten Artgenossens. Letzterer kann komplett maschinell geerntet und vor allem verarbeitet werden und ist damit der Liebling der industriellen Massenproduktion. Die Rampensau sozusagen. Filderkraut dagegen kauft, wer's weich mag statt hart und wer auf die Tradition der Handarbeit setzt. Handgemachtes Schwabenkraut gibt's als Sauerkraut zwar auch aus der Konserve. Und davon – so heißt es – packen auch Pariser Gourmets

Links: Frank Oehler von der »Speisemeisterei« in Stuttgart steht auf Filderkraut.

Filderkraut »orientalisch«

für 4 Personen

- ½ Kopf Filderkraut (ca. 500–700 g)
- 3 große Schalotten
- 40 g Zucker
- 60 g Butter
- 0,1 l Riesling
- 0,1 l Apfelsaft
- 1 Knoblauchzehe
- Abrieb einer halben Zitrone
- 1 TL Curry
- 1 ½ TL Schwarzkümmel
- 100 g geriebener Apfel
- 100 g Mangowürfel
- 2 EL Crème fraîche
- 1 TL frisch gehackter Koriander

Butter zerlaufen lassen und Zucker, Schalotten, Curry und Knoblauch anschwitzen. Dann das fein geschnittene Filderkraut dazugeben, salzen und weiter andünsten. Ablöschen mit Riesling und Apfelsaft, geriebene Äpfel dazugeben und für 15 Minuten leicht köcheln lassen. Danach Zitronenabrieb und Schwarzkümmel dazugeben, eventuell mit etwas Speisestärke eindicken. Am Schluss mit Crème fraîche und frisch gehacktem Koriander und den Mangowürfeln abschließen.

Rezept: Frank Oehler

Ein Weg, das Filderkraut mürbe zu machen: Sauerkraut.

vor dem Abflug am Stuttgarter Flughafen gerne noch ein paar in ihr Gepäck. Noch besser schmeckt das Spitzkraut von den Fildern aber selbst zubereitet. Das wissen auch die Franzosen. Aber wie? Voilà: Frank Oehler, Fernsehkoch und echter Oberschwabe aus dem Allgäu, hat sich für dich ein Rezept ausgedacht. Als ehemaliges Mitglied der »Jungen Wilden«,

einer Gruppe engagierter Köche mit Hang und Drang zu verrückten Kombinationen und vor allem Liebe zu frischen Produkten, betreibt Oehler das Restaurant »Speisemeisterei« im Stuttgarter Schloss Hohenheim. Ein Michelin-Stern, 16 Gault-Millau-Punkte. Also leg dich ins Zeug, wenn du jetzt gleich seinen Vorschlag nachkochst!

10

LINKSZWO DREIVIER LINKSZWO DREIVIER

RÖMISCHE SCHUHE NACHBAUEN UND AUF DEM LIMES WANDERN

Schon immer war die Gegend des heutigen Baden-Württembergs von Grenzen durchzogen. Wie die Adern eines Blattes spannen sie ein Netz über Wälder und Wiesen, Berge und Täler. Mal unsichtbar, mal markiert durch Grenzsteine, mal

Das römische Reich war groß und wurde bestens bewacht: von Soldaten, die »Calcei« trugen.

als Mauern. Oder – wie in der Zeit des frühen 2. bis 3. Jahrhunderts – in Form eines Grenzwalls, als »Limes«. Durch ganz Europa, Vorderasien und Nordafrika schlängelte der Limes sich. Allein in Deutschland war er 550 Kilometer lang. Und überall sprach er klare Worte: »Dies ist das römische Reich, Germanen müssen draußen bleiben.« Etwa 30 000 römische Soldaten sorgten in Baden-Württemberg dafür, dass das auch eingehalten wurde. Patrouillierten »linkszwodreivier« bei Wind und Wetter den Limes rauf- und runterwärts. Für längere Märsche gab es statt der Römersandale »Caliga« festes Schuhwerk, die »Calcei«. Ein Schuhfund aus einem Kastell in Welzheim zeigt, wie die Schuhmode der Soldaten, aber auch der Bevölkerung in dieser Gegend im 3. Jahrhundert ausgesehen hat. Schön musste das Schuhwerk sein. Aber eben auch solide – und das nicht nur für die Soldaten, die den Limes bewachten.

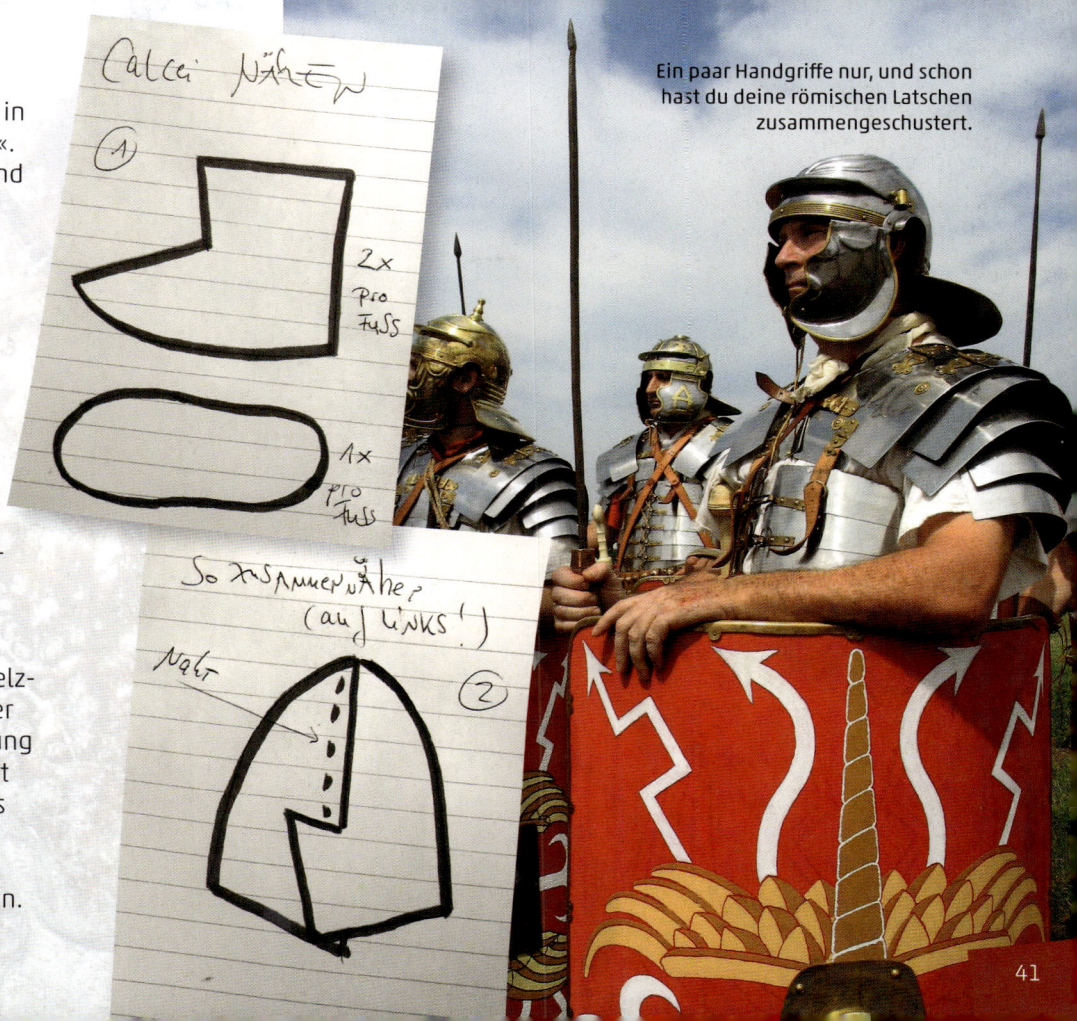

Ein paar Handgriffe nur, und schon hast du deine römischen Latschen zusammengeschustert.

Calcei NÄHEN

① 2x pro Fuss

1x pro Fuss

So zusammennähen (auf links!)

Naht ②

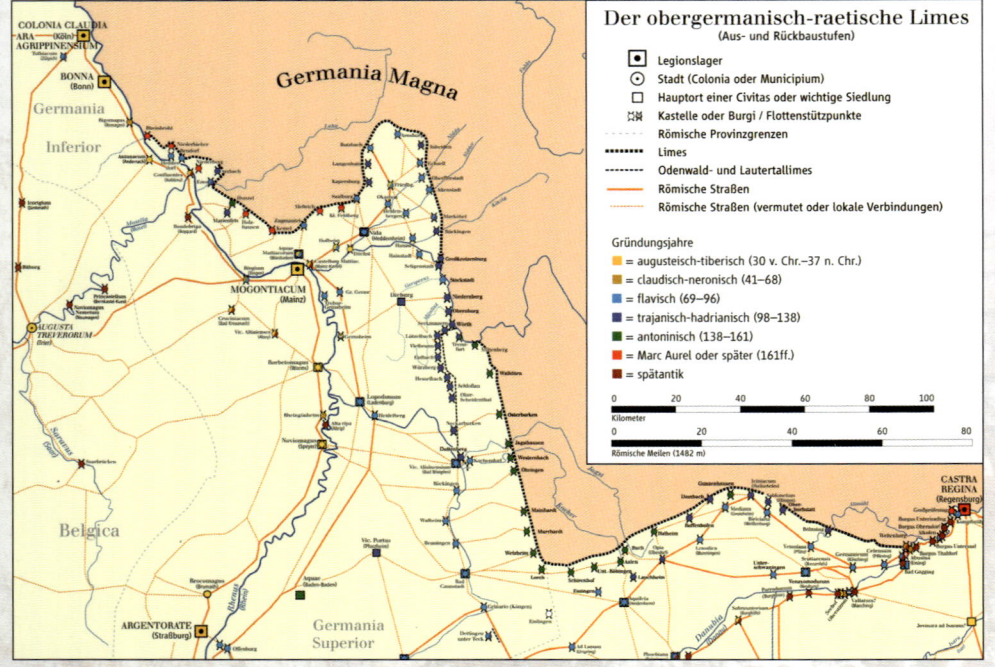

Der obergermanisch-raetische Limes
(Aus- und Rückbaustufen)

■ Legionslager
⊙ Stadt (Colonia oder Municipium)
□ Hauptort einer Civitas oder wichtige Siedlung
⋈ Kastelle oder Burgi / Flottenstützpunkte
‥‥‥ Römische Provinzgrenzen
▪▪▪▪ Limes
---- Odenwald- und Lautertallimes
━━━ Römische Straßen
┈┈┈ Römische Straßen (vermutet oder lokale Verbindungen)

Gründungsjahre
■ = augusteisch-tiberisch (30 v. Chr.–37 n. Chr.)
■ = claudisch-neronisch (41–68)
■ = flavisch (69–96)
■ = trajanisch-hadrianisch (98–138)
■ = antoninisch (138–161)
■ = Marc Aurel oder später (161ff.)
■ = spätantik

Kilometer
Römische Meilen (1482 m)

Schließlich war man hauptsächlich zu Fuß unterwegs. Wie du in etwa drei Stunden. Dann nämlich dürftest du deine römischen Calcei genäht haben und dich auf den Weg machen. Immer schön den Limes entlang. Was du

für ein Paar geschlossene römische Schuhe brauchst:
• etwa 4 Millimeter dickes Rindsleder für die Sohle
• etwa 2 bis 3 Millimeter dickes Rindsleder für den Oberschuh

• festes Nähgarn und eine Leder-nähnadel (Ahle)
• evtl. Schuhnägel (20 für jede Sohle)
• 2 längere dicke Lederbänder
• Butterbrotpapier zum Aufzeichnen der Schablonen

Zeichne eine Sohlenschablone, indem du sowohl den linken als auch den rechten Fuß auf einem Bogen Butterbrotpapier abmalst. An Zehen und Ferse solltest du etwa 1 Zentimeter zugeben, damit der Schuh nicht zu eng wird. Für das Oberleder deiner Schuhe fertigst du jeweils zwei weitere Schablonen an (siehe Musterzeichnung). Jede Schablone sollte dabei wieder ein wenig Nahtzugabe haben. Übertrage die Papiervorlagen mit Stoffkreide auf das Leder. Für die Sohle zweimal (1 x rechts, 1 x links), für die Oberschuhe viermal (2 x für den rechten Fuß, 2 x für den linken). Je zwei Stücke für den Oberschuh zunächst am Rist zusammennähen. Dann an die Sohle nähen und hinten die Ferse zunähen. Die Sohlen können mit Schuhnägeln versehen werden. Statt Schnürsenkeln nimmt man Lederbänder, die man nach dem Anziehen der Schuhe um die Fesseln wickelt. Achtung: Da damals die Schuhe meist wendegenäht wurden, musst du darauf achten, das Oberleder und das Sohlenleder anschließend auf links zusammenzunähen, so dass die raue Seite des Leders erst einmal außen ist. Sind die Schuhe zusammengenäht, wendet man sie: Die wasserabweisende Seite des Leders befindet sich dann außen. Fertig? Dann kann es losgehen. Von Miltenberg über Walldürn, Osterburken, Jagsthausen, Öhringen, Mainhardt, Murrhardt und Welzheim nach Schwäbisch Gmünd, Mögglingen, Hüttlingen-Pfahlheim und schließlich nach Wilburgstetten sind es genau 241 Kilometer. Ein Klacks gegen den Marsch, den Studierende der Universität Regensburg vor ein paar Jahren hinter sich gebracht haben. Immer dem antiken Straßenverlauf entlang, ging es 500 Kilometer über die Alpen nach Trient. In der kompletten Ausrüstung hochkaiserzeitlicher Legionäre.

Limeswanderung in Calcei geschafft? Dann auf zu Fuß nach Trient. In kompletter Rüstung natürlich.

BEWEIS 10

Beweisfoto

Calcei genäht und damit gewandert am:

. . . .

11

TANZ IN DEN FRÜHLING

KIRSCHBLÜTEN-HANAMI BEI NEIDLINGEN AM ALBTRAUF FEIERN

Blühendes Paradies
am Albtrauf.

**Sieh, unter dem Baum
Auf Suppe und Fischsalat
Kirschblüten sogar!**

Was für ein Haiku! Wann immer ich im Frühjahr durch die Streuobstwiesen bei Neidlingen am Albtrauf streife, denke ich an das japanische Kurzgedicht des berühmten Dichters Basho (1644–1694). Mehr als 20 000 Kirschbäume wachsen an den Hängen des Neidlinger Tals. Lässt sich die Sonne hier am Fuße der Schwäbischen Alb rechtzeitig im Jahr blicken, legt sich schon ab Mitte April ein weißer, manchmal rosafarbener Teppich aus Blüten über die Wiesen. Fast so schön wie die Kirschblüte in Japan. Aber nur fast. Denn was fehlt, sind die Kirschblüten in der Suppe. Wo sind sie, die Menschen, die mit Picknickdecke unter dem Arm und Freunden im Schlepptau nach einem grauen Winter losziehen, um den Frühling zu begrüßen? Die eintauchen in diese große Kirschenschüssel

im »Biosphärengebiet Schwäbische Alb«? Stattdessen nur ein paar Spaziergänger, die der blühenden Pracht fast genauso wenig Aufmerksamkeit schenken wie entgegenkommenden Wanderern. Mit denen ist sicher nicht gut Kirschen essen. Wenn Lucius Licinius Lucullus mitbekommen könnte, wie wenig die köstliche Kirsche hierzulande beachtet wird, der (natürlich längst verstorbene) römische Feldherr würde fluchen. Da hatte er doch nun extra im Jahre 74 vor Christus ein Kirschbäumchen von seinem Feldzug in Asien mitgebracht, damit sich auch die Bevölkerung Europas daran erfreuen kann – kulinarisch wie optisch. Und dann das: Keiner ehrt sein edles Mitbringsel angemessen. Dabei hat Lucullus der Welt nicht nur ein

schönes Bäumchen mitgebracht. Die Kirsche ist auch Heilmittel, wärmend und gut für Magen und Herz. Statt Reiswein sollte man beim Hanami in Japan also eigentlich Kirschwasser trinken. Und beim Kirschblüten-Feiern in Neidlingen sowieso, bieten doch einige Brennereien in der Nachbarschaft das hochprozentige Wässerchen an. Dann aber bitte nicht nur ein »Prost« auf Lucullus, den

Was die Japaner können, können Baden-Württemberger schon lange.

Feinschmecker, sondern auch auf Herzog Christoph, der um das Jahr 1560 dafür sorgte, dass unweit von Neidlingen – in Kirchheim unter Teck – Obstbäume angepflanzt wurden. Ein Gläschen edlen Kirschenbrands außerdem auf Friedrich den Großen, der 1750 sogar eine Obstbaum-Verordnung erließ! Und auf Friedrich Eduard Lucas, Direktor des »Pomologischen Instituts« in Reutlingen, der am Albtrauf dafür sorgte, dass die Kirsche dort beheimatet blieb. Nun reicht's aber mit dem Alkohol. Jetzt wird getanzt!

BEWEIS 11

Etikett von einer leergetrunkenen Kirschwasserflasche ablösen und aufkleben.

12 MIT DER SAU AUF DU UND DU

IN HOHENLOHE EIN »SCHWÄBISCH-HÄLLISCHES LANDSCHWEIN« STREICHELN

Am YouTube-Video »Den Geschmack der Region Hohenlohe erleben« scheiden sich die Geister. Zu sehen sind in dem Streifen ein paar hauptsächlich rosafarbene Tiere mit Ringelschwanz, die sich auf einer Wiese hin und her wälzen. Und dabei wohlig grunzen. Das Filmchen ist jugendfrei, denn es zeigt nichts Unanständiges, sondern einfach nur glückliche »Schwäbisch-Hällische

Zärtlich streichelt Prinz Charles ein junges »Mohrenköpfle«.

Wenn es ausgewachsen ist, wird es gegessen.

Landschweine«, das Aushängeschild der Hohenloher Bauern im Norden von Württemberg. Die Landwirte züchten und mästen die alte Schweinerasse ganz wie früher. Viel Auslauf, tolles Futter. Das macht die »Mohrenköpfle«, wie man die Schweine wegen ihres schwarzen Haupts auch liebevoll nennt, zu besonderen Leckerbissen. Ja, richtig gehört, liebe Vegetarier! Denn nach einem Leben auf saftigen Wiesen und unter dem Himmel Hohenlohes landen die Mohrenköpfle in Leberwurst, Schwarzwurst, Schinken und Co. Und dann auch schon mal gerne im Magen von Prinz Charles. Der ökoaktive britische Thronfolger legte im Jahr 2013 einen Stopp im Hohenlohischen ein, um auf Schloss Langenburg an einer Konferenz über Ökolandbau und regionale Lebensmittel teilzunehmen. Klar, dass er dabei auch das Aushängeschild der Landwirte vor Ort in Augenschein nahm. Zumal es sich dabei um eine Begegnung quasi von Royal zu Royal handelte, hat doch das Schwäbisch-Hällische Landschwein königliche Wurzeln. Die schwarzköpfigen Tiere existieren nämlich nur, weil der württembergische Herrscher Wilhelm I. im frühen 19. Jahrhundert dafür gesorgt hat, dass Maskenschweine aus China mit einer einheimischen Rasse gekreuzt wurden. Charles trug nun bei seiner Begegnung von königlichem Nachfolger zu königlichem Nachfolger natürlich auch nicht Parka und Gummistiefel, sondern Nadelstreifenanzug und feines Schuhwerk. Liebevoll streichelte und kraulte der Prinz ein Ferkel. Und naschte kurz danach ein wenig von einer Leberwurst, die ihre Existenz dem Tod eines »Mohrenköpfles« zu verdanken hatte. Vielleicht der Großvater des süßen Kleinen? Man weiß es nicht. Doch nun zu dir! Traust du es dir zu, es Charles gleichzutun? Kannst du einem dieser Landschweine tief in die Augen blicken, dich von ihm mit seiner feuchten Nase zutraulich anstupsen lassen – und danach ein mit ihm verwandtes Schwein in Form eines Schinkenbrotes aufessen? Sollte eigentlich kein Problem sein für jemanden, der auch sonst Fleisch verzehrt. Den Tieren ging es gut, sie hatten ein schönes Leben. Alles paletti. Und falls nicht, zumindest nicht für dich? Die Lösung gedeiht auf hohenlohischen Feldern: Grünkern – ungereifter Dinkel, der nach der Ernte getrocknet und geröstet wird. Aus diesen Körnern lässt sich ein Risotto zaubern, mit dem du sicher auch Prinz Charles an deinen Küchentisch locken könntest.

BEWEIS 12

Erstelle eine Collage, auf der du, Prinz Charles und ein Schwein auftauchen. Variante für Vegetarier: der Thronfolger und du im Grünkernfeld.

13

's WOODSTÖCKLE

BEIM SOUTHSIDE-FESTIVAL IN NEUHAUSEN OB ECK IM SCHLAMM BADEN

Wir können alles. Sogar Woodstock. Unweit von Tuttlingen, auf einem rund 800 000 Quadratmeter großen ehemaligen Militär-Flugzeuggelände, feiern in Baden-Württemberg seit 15 Jahren Fans von lauter Musik und dem Gefühl von Freiheit. Das »Southside Festival«, das ein echter Baden-Württemberger natürlich nur »das Southside« nennt, kann es mit dem großen amerikanischen Vorbild von 1969 zumindest in Sachen Wetter aufnehmen. Nass, heiß, kalt. Alles drin. Wenn's hinhaut, auch mit Schlammbad. Knöcheltief. Und da musst du rein. Irgendwann an einem der drei Festivaltage, Schlammtaufe, wenn man so will. Bereite dich also gut vor.

Packliste für das Southside

- Festivalpass nicht vergessen!
- rechtzeitig Plakette für den Zelt- oder Wohnmobilplatz sichern (Hotel oder Pension geht auch, Gästezimmer in der kleinen Gemeinde sind aber rar; man könnte von anderen Festivalbesuchern außerdem auch als Weichei abgestempelt werden → Erlaubte Ausrede: Rückenprobleme)

- wenn Zelt, dann Heringe nicht vergessen!
- Grill, Campingstühle, Schlafsack, Taschenlampe
- informieren, wann welche Bands auftreten (vier Bühnen; Wege einplanen – sich durch eine Masse von bis zu 60 000 Besuchern zu schieben, kostet Zeit)
- Sonnenbrille, Sonnenhut und Sonnencreme (falls das Wetter Ende Juni doch ganz gut werden sollte und die Sonne brennt, siehe Southside 2008)
- Teller, Becher, Besteck

Vor der Bühne geht es hoch her.

- Gummistiefel einpacken (2010 und 2011 versank das Konzert-gelände im Matsch. Ist hoffentlich auch diesen Sommer wie-der so, gehört doch zu einem Konzert unter freiem Himmel irgendwie dazu)
- Bikini oder Badehose für das eventuelle Bad im Schlamm
- Kulturbeutel mit Zahncreme, Pflaster, Toilettenpapier, Dusch-gel (obwohl: Wer duscht, verliert!)
- Abschleppseil bzw. -stange für das Auto mitnehmen. Falls ein freundlicher Landwirt aus dem Ort anbietet, die Karre aus dem Dreck zu ziehen.

14

GESTATTEN: DANIEL DÜSENTRIEB

DEN ERFINDERGEIST SCHULEN

Dauerwelle, Dübel, Benzinmotor, Spaghetti-Eis, Streichholz, BH, Teddybär, Uhu. Alle im Ländle erfunden. Ha! Da staunst du, was? Blitzhelle Köpfe sind in Baden-Württemberg besonders oft und gern zu Hause. Albert Einstein etwa ist in Ulm geboren. In unserem Bundesland gibt's außerdem die meisten Patentanmeldungen pro Einwohner. Im Falle des

Rechts: Tipp-Kick – noch so eine Erfindung aus dem Ländle.

53

Tüfteln auf
der »experimenta«.

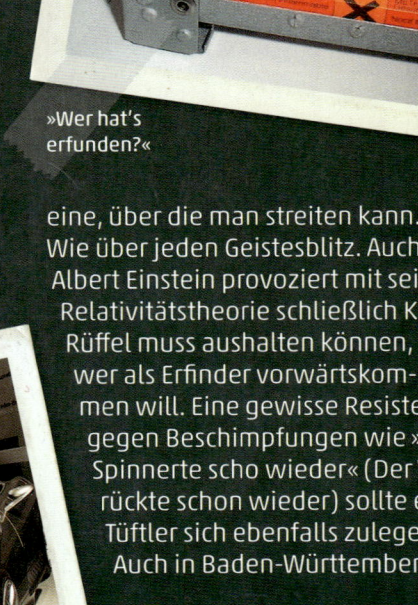

»Wer hat's
erfunden?«

und fertige Seifenblasenmischung im Röhrchen: »Pustefix«. Eigentlich wollte der Chemiker Rolf Hein sich mit der Herstellung von Waschmittel nach dem Krieg ein wenig Geld dazuverdienen. Und sattelte dann aber doch lieber auf die schillernden Blasen um. Die wohl berühmteste Erfindung aus Baden-Württemberg aber wurde in einem Gartenhaus getätigt. Der Schorndorfer Gottlieb Daimler entwickelte dort zusammen mit Wilhelm Maybach den Viertaktmotor. Eine Revolution, die den Straßenverkehr rund um den Globus veränderte. Und

Spaghetti-Eises ist so ein Einwohner auch schon mal ein Einwanderer. Der Italiener Dario Fontanelle drückte 1969 Vanilleeis durch eine Spätzlespresse (Letztere eine Erfindung von Robert Kull aus Stuttgart). Und fertig war die beliebteste Eiskreation Deutschlands. Ein Beispiel dafür, wie gut Integration hier funktioniert. Und internationale Zusammenarbeit sowieso. Dass eine Erfindung nicht nur süß, sondern auch leicht daherkommen kann, beweist eine fix

eine, über die man streiten kann. Wie über jeden Geistesblitz. Auch Albert Einstein provoziert mit seiner Relativitätstheorie schließlich Kritik. Rüffel muss aushalten können, wer als Erfinder vorwärtskommen will. Eine gewisse Resistenz gegen Beschimpfungen wie »Der Spinnerte scho wieder« (Der Verrückte schon wieder) sollte ein Tüftler sich ebenfalls zulegen. Auch in Baden-Württemberg.

Auto-Träume aus Stuttgart.

Denn obwohl Erfinder im Südwesten eine lange Tradition haben, werden sie – wie Daniel Düsentrieb von Dagobert Duck – noch immer schräg angesehen. Ein paar Strategen in Baden-Württemberg freilich wissen, wie wichtig es ist, den Düsentrieb'schen Nachwuchs zu fördern. Im Mercedes Museum in Stuttgart etwa setzt man auf Kinder von acht bis zwölf Jahren. In Workshops dürfen sie ihren Zukunftsflitzer bauen oder ein Lenkrad ganz nach ihren Vorstellungen gestalten. Dumm nur, dass erwachsene Erfinder hier nur zuschauen dürfen, wäre das doch die Gelegenheit, vom Headhunter einer Firma entdeckt zu werden, die zu den führenden Patentanmeldern Baden-Württembergs zählt. Vielleicht ahnst du aber noch gar nicht, welcher Erfindertyp du bist? Auch hier weiß man im Südwesten Rat. Die »experimenta« in Heilbronn hilft jungen und älteren Tüftlern dabei, eigene Stärken zu entdecken. Meine liegt dabei nicht unbedingt im Bereich der nützlichen Handarbeiten. Aber das weiß ich schon lange. Spätestens, seit meine jüngere Schwester mir als Kind einen absolut wirksamen Nasenwärmer gehäkelt hat, mein Exemplar dagegen eher einem Nudelsieb glich. Noch heute bereue ich, dass ich die kreative Schöpfung meiner Schwester nicht zum Patent angemeldet habe. Denn spätestens seit dem Winter 2014 gelten Nasenwärmer als angesagtes Accessoire. Und das, obwohl man die Träger der wollenen Nasenmütze schräg anschaut.

BEWEIS 14

Klebe hier eine Skizze der ersten Entwürfe für deine Erfindung ein.

Auf der Welle des Gefühls

In Heidelberg auf einem Ausflugsschiff ein romantisches Lied singen

Rosamunde Pilcher kann einpacken. Was brauchen wir im Südwesten ihre Liebesgeschichten von Halbadeligen auf schottischen Landgütern? Wir haben Heidelberg, die Wiege der Romantik!

Maler, Musiker, Philosophen und Schriftsteller breiteten in der Stadt am Neckar schon ihr Seelenleben aus. Sie besangen, malten und durchdrangen das, was alle Menschen eint: das Gefühl. Vor allem

Alt Heidelberg, du feine.

Alt Heidelberg, du feine,
Du Stadt an Ehren reich,
Am Neckar und am Rheine
Kein' and're kommt dir gleich.

W
S+B
868/6

aber lobten sie Heidelberg über alle Maßen.
»Du, der Vaterlandstädte ländlichschönste
so viel ich sah«, dichtete etwa der Lyriker
Friedrich Hölderlin, der zwischen 1804 und
1809 einige Jahre in der Stadt der Romantik
verbrachte. Den Engländer William Turner

Zugegeben, so ein Ausflugsdampfer
ist nicht unbedingt der romantischste Ort.
Kann er aber ja noch werden.

inspirierte das Heidelberger Schloss, das noch heute jährlich Massen von Touristen anlockt, zu einem Gemälde voller Licht und träumerisch umwölktem Himmel. Wer heute durch Straßen und Gassen der Stadt spaziert, der merkt schnell, worauf die Künstlerszene zu Beginn des 19. Jahrhunderts abfuhr. Die Natur! Das Mystische! So viel Sinnlichkeit! Warum nur, fragt man sich da, hat Rosamunde Pilcher diese Stadt noch nicht als Kulisse für einen ihrer Filme auserkoren? Die passende Filmmusik gäbe es ja auch schon. »Ich hab' mein Herz in Heidelberg verloren« ist wohl das Lied, das die Heidelberger Romantik widerspiegelt. Vor allem der Refrain gräbt sich dank der von Fred Raymond komponierten Melodie schnell in die Gehörgänge:

Ich hab' mein Herz in Heidelberg verloren,
In einer lauen Sommernacht.
Ich war verliebt bis über beide Ohren
Und wie ein Röslein hat ihr Mund gelacht.
Und als wir Abschied nahmen vor den Toren
Beim letzten Kuß, da hab ich's klar erkannt:
Daß ich mein Herz in Heidelberg verloren.
Mein Herz, es schlägt am Neckarstrand.

Hach, bei diesem Text geht einem doch das Herz auf! Zu ihm inspiriert wurden die Schlagertexter Fritz Löhner-Beda und Ernst Neubach von aus der Zeit der Romantik stammenden Versen Joseph Victor Scheffels:

Alt Heidelberg du feine
Du Stadt an Ehren reich
Am Neckar und am Rheine
Keine andre kommt dir gleich
Stadt fröhlicher Gesellen
An Weisheit schwer und Wein
Klar ziehn des Stromes Wellen
Blauäuglein blitzen drein.

Nichts wie auf nach Heidelberg also und sich auf einem Ausflugsschiff auf dem Neckar singend von einer Welle des Gefühls zur anderen treiben lassen. Vielleicht erlebst du sogar wie einst die Schauspielerin Liselotte Pulver im gleichnamigen

BEWEIS 15

Heidelberglied
auf dem Ausflugsschiff
gesungen am:

. . . .

Film von 1951 eine richtig schöne, schmalzige »Heidelberger Romanze«. Mit diesem Streifen und deinen amourösen Erlebnissen müsste sich natürlich auch ein mögliches Heidelberg-Drehbuch von Rosamunde Pilcher messen lassen.

ENTDECKE DEN SÜNDER IN DIR

Beim Rottweiler Narrensprung dabei sein und sich von den Narren necken lassen

16

Die Rottweiler Narren treiben's gerne bunt.

Schepper, wumms, trööööt! Wenn in Rottweil am Dreikönigstag die Fasnets-Kapelle erstmals laut musizierend durch die Straßen zieht, breitet sich in der sonst recht braven und beschaulichen Stadt zwischen Schwarzwald und Schwäbischer Alb das närrische Leben aus. Wie in rund 320 anderen Städten auch, in denen die schwäbisch-alemannische »Fastnacht«, die »Fasnet«, einfach dazu gehört. Egal ob Bäcker, Anwälte oder Handwerker, Männer, Frauen oder Kinder, sie alle schlüpfen nach einem langen, grauen Winter am Fasnetsmontag und -dienstag in fröhlich bunte »Kleidle«. Die Gesichter hinter verschiedenen Masken, hinter »Larven« verborgen, geht es auf die Straßen der einst von den Staufern gegründeten Stadt. Um dort kurz vor der Fastenzeit beim »Narrensprung« noch einmal ordentlich zu »narren«, also recht viel Unfug zu treiben und Spaß zu haben. Die älteste Stadt Baden-Württembergs ist seit dem Mittelalter ein Narrennest, eine katholische Hochburg sowieso. Dass beide, Kirche und »Narretei«, eigentlich schon lange zusammengehören, kann man im Rottweiler Heilig-Kreuz-Münster gut sehen. Narrenfiguren schmücken die Kirche genauso wie Darstellungen vom Teufel und der Jungfrau Maria. Denn Narren sind Teil der Vorstellung, nach der alle Menschen Sünder und damit des Teufels und des Todes sind. Ach du lieber Gott! Der ganze Fasnet-Spuk also ein katholischer Kirchenzauber, der uns Menschen an unsere Verdorbenheit und den Tod erinnern soll? Nicht ganz, denn ein offiziell kirchliches Fest war die Fastnacht nie. Die Menschen durften sich jedoch mit kirchlicher Billigung »verunstalten« und sich während der Zeit des Mummenschanzes wortwörtlich »zum Narren machen«. Davon wissen heute nur noch wenige, die beim »Narrensprung« in Rottweil zuschauen. Der gefiederte Teufel, der »Fedrahannes«, der noch immer an den Umzügen teilnimmt, ist für sie oft nur eine Verkleidung unter vielen. Nicht aber – wie eigentlich gemeint – ein Hinweis auf das Reich des Teufels, das mit dem Umzug parodiert wird. Schuld daran trägt wohl die Reformation in Baden-Württemberg, die die vorösterliche Fastenzeit als Zeit der Buße in Frage stellte und Typen wie den Teufel vergessen machte. Und damit auch den eigentlichen Grund des Narrenumzugs. Aber nicht nur Reformator Luther, sondern auch Prinz Karneval scheint seinen Teil dazu beigetragen zu haben, dass die Tradition des Rottweiler Narrentreibens lange Zeit verdrängt und durch rheinischen Frohsinn überdeckt wurde. Doch die Rottweiler haben sich ihren Narrensprung zurückerobert. Köln hat in der Fasnetszeit nichts mehr zu melden. Genauso wenig wie der Bürgermeister Rottweils. Stattdessen darf der sich anhören, was im vergangenen Jahr so alles schiefgelaufen ist. Da blitzt sie wieder auf, die mittelalterliche Tradition: Ein Narr hat nämlich das Recht, andere zu rügen. »Aufsagen« nennen das die Rottweiler. Zum Trost für die Standpauke gibt's was Süßes. Bis zum Aschermittwoch halten die Narren das Zepter in der Stadt. Danach, ganz katholisch, macht sich wieder das Reich Gottes breit. Die Fastenzeit beginnt. Oder eben der ganz normale Wahnsinn. Schluss also mit lustig. Lass dich darum vorher noch schnell von einem Narren necken!

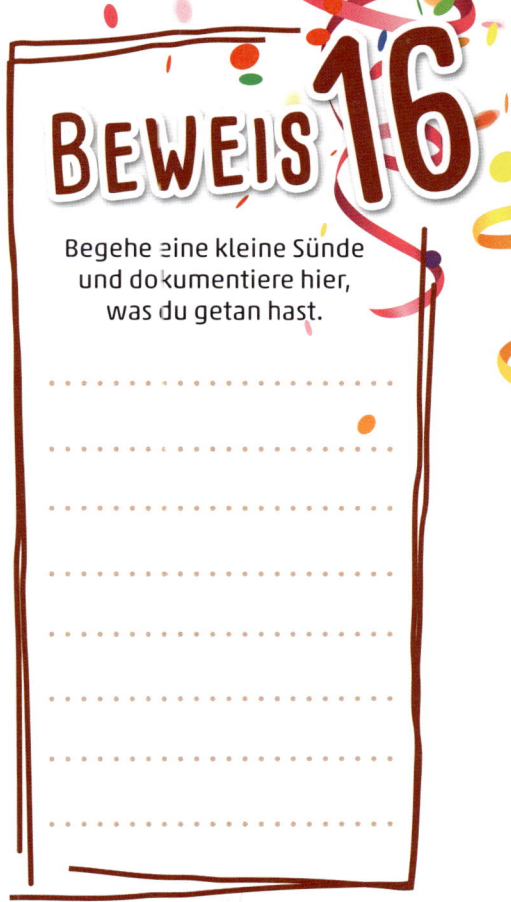

BEWEIS 16

Begehe eine kleine Sünde und dokumentiere hier, was du getan hast.

17

TREPPENWITZ MIT KEKS

DEN STUTTGARTER FERNSEHTURM
VON KOPF BIS FUß ERKUNDEN
UND IHN DANN BACKEN

An die Aussstecher,
fertig, los!

Selten sehen 3000 Tonnen Körperfülle so gut aus wie beim Stuttgarter Fernsehturm. Allerdings verteilt sich das Gewicht der Betonnadel im Stadtteil Degerloch auch auf 217 Meter Höhe und

einen ordentlichen Sockel (1500 Tonnen). »Gute Proportionen«, kann man da doch behaupten. Seit über 50 Jahren thront der schlanke Sender mit der Aussichtsplattform nun schon über den südlichen Anhöhen Stuttgarts. Und diente zahlreichen Fernsehtürmen auf der ganzen Welt als Vorbild. Doch zunächst glaubte kaum einer, dass die »Bohnenstange mit Bienenkorb«, wie manche Spötter den Fernsehturm früher nannten, Wind und Wetter standhalten würde. Zu waghalsig schienen die Planungen der Ingenieure Fritz Leonhardt, Erwin Heinle und Rolf Gutbrod. Doch der Fernsehturm hält und hält und hält. Und lockt seit seiner Eröffnung im Jahr 1956 tausende von Besuchern an. Es gibt wohl kaum einen Baden-Württemberger, der seinen Gästen vom Turmkorb aus nicht schon die Aussicht auf den Schwarzwald, den Odenwald, die Schwäbische Alb und den Stuttgarter Talkessel gezeigt oder sich mit ihnen im Turmrestaurant um die Pflege der eigenen Figur gekümmert hätte. Uff, es macht aber auch einfach hungrig, den Turm über die Nottreppe von unten bis oben zu erkunden! Kaum vorstellbar, dass der aus Wolfach im Schwarzwald stammende Thomas Dold 2009 in nur 4 Minuten und 5 Sekunden die sechs Stockwerke des Turms hinauf auf die Aussichtsplattform hechtete. Naja, der Mann mit dem Oberschenkelumfang von 58 Zentimetern hat ja auch schon ein paar Mal den Wettlauf auf das Empire State Building in New York gewonnen. Geheimrezept: Stützstrümpfe. Kein Treppenwitz! Doch mit Dold musst du dich nicht messen. Schon gar nicht, solange die Aussichtsplattform des Stuttgarter Wahrzeichens aus feuerschutzrechtlichen Gründen noch geschlossen bleiben muss. Zum Glück hat das bauliche Wunder außerdem nicht nur ein hübsches Äußeres, sondern auch einige spannende innere Werte zu

Auf dem Fernsehturm kann man diese Aussicht genießen.

Das Wahrzeichen Stuttgarts.

bieten: im Fundament des Fernsehturms, der übrigens dem SWR gehört. Noch mehr innere Werte kannst du dem Stahlbetonriesen mit Mehl, Zucker und Eigelb verleihen – den Zutaten für einen Keksteig (schwäbisch: »Gutslesteig«). Den sollst du nach deinem Besuch des Stuttgarter Wahrzeichens nämlich zusammenrühren, kneten und mit einem Wellholz

BEWEIS 17

Poste ein Foto deiner Fernsehturm-Gutsle auf Instagram, Pinterest oder Facebook.

ausrollen. Dann mit einem »Fernsehturmausstecherle« (bekommst du für wenig Geld zum Beispiel in den Stuttgarter »0711«-Läden) die Gutsle ausstechen und anschließend backen. Wenn du Lust hast, kannst du deinen Fernsehturmmodellen mit Zuckerguss eine individuelle Note verpassen. Achtung: Für die Gewichtszunahme bei übermäßigem Gutsle-Verzehr übernimmt der Verlag keine Haftung!

Tragende Stütze: der Sockel des Fernsehturms.

Auf dem heißen Rücken der Geschichte

Im Hegau einen erloschenen Vulkan besteigen

Ein warmer Sommertag. Wochenende. Am Bodensee quetschen sich Touristen auf Fahrrädern und zu Fuß am Ufer entlang. Dabei findet sich, von vielen links liegen gelassen, nur wenige Kilometer vom Seeufer des »Schwäbischen Meers« entfernt eine der wohl interessantesten Landschaften Deutschlands. Etwa ein Dutzend Vulkankegel zeugen im Hegau davon, dass es hier einmal so richtig heiß herging. Genauer gesagt vor

Hohentwiel und
Hohenkrähen im Nebel.

Wer so hoch oben lebt, ist sicher. Das
dachte auch Konrad Widerholt, Festungs-
kommandant auf dem Hohentwiel.

14 Millionen Jahren. Ganz grob lief es damals so ab: Die afrikanische Kontinentalplatte knallte mit der europäischen zusammen. Dabei bekam die Erdkruste Risse und heißes Magma stieg aus dem Erdinneren an die Oberfläche. Als das Magma erkaltet war, lag eine mächtige Schicht aus weichem Tuffgestein über der Region. Eine Hochebene war entstanden. Doch der Rheingletscher machte diese Ebene in der Eiszeit ratzfatz um einen Kopf kürzer. Er hobelte und schmirgelte ihre Oberfläche mehr und mehr ab, bis der heutige Hegau sein heutiges Höhenniveau erreicht hatte. Nur dem harten Lavagestein der Vulkane konnte der Gletscher so gut wie nichts anhaben. Erhaben thronten ihre Schlote über der Ebene. Kein Wunder errichteten die Fürsten des Mittelalters ihre Burgen direkt auf den einstigen Krateröffnungen. Nicht nur, dass man von hier aus einen wunderbaren Über- und Ausblick hatte. Die Festungen auf den Bergen waren außerdem schwer einzunehmen. Man konnte sich auf

Blick übers Hegau.

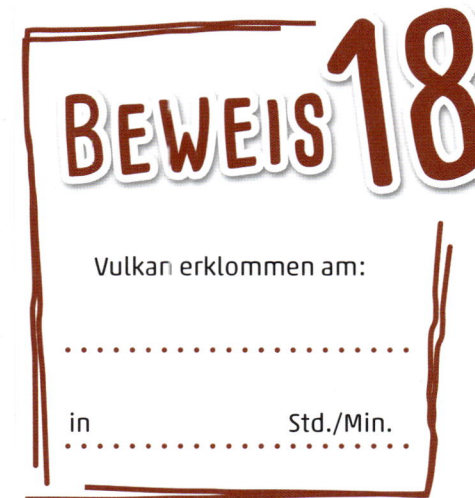

dem Rücken der erloschenen Vulkane also als ein richtig widerstandsfähiger Kerl fühlen. Fürst Hans Wilhelm von Friedingen zum Beispiel wähnte sich im 15. Jahrhundert auf seiner Burg auf dem »Hohenkrähen« so sicher und unbesiegbar, dass er von hier aus zu zahlreichen Raubzügen ins Schweizer Gebiet aufbrach. Pech nur, dass die Burg 1512 von einem Heer des Schwäbischen Bundes eingenommen und im Dreißigjährigen Krieg niedergebrannt wurde. Von einem anderen Vulkanbewohner – Konrad Widerholt, dem Festungskommandanten des »Hohentwiel«. Doch auch von seiner Burg ist heute nur noch eine Ruine übrig. Mit neun Hektar Fläche ist sie allerdings eine der größten Festungsruinen Deutschlands. So, und welchen der beiden Schlote traust du dir heute zu Fuß zu? Den Sitz des Räuberhauptmanns mit seinen 643 Metern Höhe? Oder doch besser den Hohentwiel, von dem aus dir alle anderen Vulkane des Hegaus, der Bodensee, ja, die Geschichte zu Füßen liegen wie eine Schichttorte? Ganz Mutige nehmen natürlich am »Hegau Bike Marathon« teil. 49 Kilometer und ein paar kurze, dafür aber teilweise auch steile Anstiege. Mir wird da jetzt schon heiß.

RED DIR DEN MUND FUSSELIG

VERSCHIEDENE ZUNGENBRECHER IM DIALEKT NACHSPRECHEN

Was für ein Durcheinander! Sich historische Karten von Baden-Württemberg anzusehen, kann einen ganz schön verwirren. Landkreisgrenzen, Ländergrenzen, Sprachgrenzen. Sie teilen Wiesen, Felder, Häuser, windschiefe Scheunen. Und manchmal sogar Familien, die ja an sich schon als Brutstätten für Konflikte gelten. Man stelle sich nur vor, ein Mann aus Baden heiratet eine Frau aus Württemberg. Kommt ja vor in unserer global-mobilen Zeit. Ob die sich überhaupt verstehen,

Klötzle Blei

Was das nur wieder zu bedeuten hat? Glei bei Blaubeura leit a Klötzle Blei.

Rechts: So spricht man in Baden-Württemberg.

so abseits der Sprache der Liebe und in Mundart? Gibt es da nicht unendlich viele Missverständnisse? Denn während in Südbaden etwa das Alemannische dominiert, kippt's im Karlsruher Raum schon ab ins Fränkische. Eine Schwäbin aus Lauffen am Neckar bezeichnet Kartoffeln als »Ebbira«, während ihr Mann aus Freiburg von »Herdäpfeln« spricht. Im Alltag kann das zu einer Katastrophe werden. Erst recht, wenn die Kommunikation des Paars über Ein-Wort-Sätze hinausgeht. Die Frau fragt zum Beispiel ihren Mann: »Moischt magscht Moscht? Moscht muasch mega!« (Meinst du, du magst Apfelwein? Apfelwein muss man mögen!) Da kann der Mann ja nur noch entgegnen: »De Papst het ds Spiez s Speckbrett z spot bsellt.« (Der Papst hat in Spiez das Speckbrett zu spät bestellt.) Und da haben wir ihn schon, den Dialektsalat! »Nie hört er mir richtig zu«,

Rhein-Fränkisch

Südfränkisch

Ostfränkisch

Karlsruhe

Heilbronn

Schwäbisch Hall

Schwäbisch-Fränkischer Übergangsbereich

Ostschwäbisch

Stuttgart

Westschwäbisch

Mittelschwäbisch

Ulm

Oberrhein-Alemannisch

Freiburg

Süd-Mittelschwäbisch

Südalemannisch

Bodensee-Alemannisch

In Ulm und um Ulm und um Ulm herum.

Nimm die Zungenbrecher mit deinem Handy oder einem anderen Mitschnittgerät auf.

wird die Frau ihrer besten Freundin erzählen, die zufällig aus dem Fränkischen stammt. »Bou dou dein Rollolodn rorolln loun!« wird die sie trösten und die Frau wird sich fühlen wie damals, als sie gestürzt war, sich das Knie aufgeschürft hatte und die Mutter ihr tröstend übers Haar strich. Alles wird gut, mach dir nichts draus! Und, hast du es gemerkt?

Mit der Schilderung dieses kleinen Ehedramas habe ich dir schon einige Zungenbrecher untergejubelt. Also dürfte es für dich ein Klacks sein, die folgenden auch noch nachzusprechen und unter die Leute zu bringen: »En denne denne Danne denna.« (Dort zwischen den dünnen Tannen.) »Wenn d Henne henne send, no trag mr da Apparat ra.« (Wenn

die Hühner im Stall sind, können wir den Apparat heruntertragen.) »A Mammaladeamerle hamma daham« klingt ein wenig arabisch, ist aber kurpfälzischer Dialekt. (Ein Marmeladeeimerchen haben wir daheim.) Oder: »Zwüsche zwei Zwetschgezwig zwietschere zwei Schwalbe.« Nun reicht's mir aber. Genug gezwitschert!

20

TICKST DU NOCH RICHTIG?

EINE SCHWARZWÄLDER KUCKUCKSUHR BAUEN

Aus der Mode kommen Kuckucksuhren anscheinend nie. Weder das traditionelle Modell aus kunstvoll geschnitztem und farbig bemaltem Holz aus den Kuckucksuhren-Manufakturen im Schwarzwald noch die Designobjekte, die mittlerweile den Markt überschwemmen. Kuckuck ist cool und schon lange nicht mehr nur ein Schmuckstück in Omas

Rechts:
Außen Tradition ...

... innen technische Perfektion.

guter Stube. Wer die erste Schwarzwälder Kuckucksuhr entworfen hat, darüber herrscht unter den dunklen Tannenwipfeln der Region große Uneinigkeit. War es ein gewisser Franz Anton Ketterer aus Schönwald, der zu Beginn der 1730er-Jahre damit begann oder doch eher ein Michael Dilger aus Neukirch? Auf jeden Fall gehörten die beiden Brüder Andreas und Christian Herr zu den frühen Schwarzwälder Kuckucksuhrenmachern. Die Uhren aus dem Hause Herr werden noch heute gut verkauft, besonders ins Ausland. Und weil man auch in den Manufakturen mit der Zeit geht, sieht die traditionelle Wanduhr dann manchmal schon eher wie ein Apothekenschrank aus. Hauptsache, sie hat

einen Vogel. Dass eine Kuckucksuhr aber noch mehr sein kann als nur ein schicker Zeitmesser, das hat der aus dem badischen Offenburg stammende Künstler Stefan Strumbel bewiesen. Der polizeibekannte ehemalige Graffiti-Künstler hat die Wanduhr mit dem mechanischen Pendelwerk nicht nur in angesagten Großstadtclubs salonfähig gemacht, sondern sie sogar in ein museumsreifes Ausstellungsstück verwandelt. Statt Eichhörnchen und Eichenblatt zieren seine Uhren Totenschädel, M16-Sturmgewehre, Gitarren, Granaten, Tattoo-Motive und vor allem grelle Farben. Vor den Eingang des Karlsruher Barockschlosses platzierte er eine 18 Meter hohe Kuckucksuhr, aus der dem Besucher statt des Vogels eine riesige herausgestreckte Zunge entgegenkommt. Der »Andy Warhol der Kuckucksuhr« wird der Künstler darum schon auch mal genannt. Statt wie Warhol an Amphetaminen berauscht sich Strumbel aber lieber an der stärksten Droge, die es für ihn

Strumbels Riesenkuckucksuhr in Karlsruhe.

gibt: Heimat. Riecht es da etwa nach Landlust-Kitsch? Oder nach einer genialen Marketing-Strategie ganz im Sinne Warhols: »Make money, not love«? Das Land Baden-Württemberg zumindest schmückt sich gern mit Strumbels Uhren. Das Auswärtige Amt hat ihn als Werbeträger für Deutschlands »Innovationskraft« entdeckt und will mit seiner Hilfe ausländische Fachkräfte anlocken. Ein ehemaliger Sprayer als Staatskünstler. Jetzt schlägt's dreizehn! Doch nicht nur die Politik schreit wie der Kuckuck zur vollen Stunde nach Stefan Strumbels Pop-Art mit Tradition. Auch Modezar Karl Lagerfeld hat eine seiner Uhren an der Wand hängen und ließ sich damit auf dem Titel des Magazins »Stern« abbilden. Und Strumbel? Der reagierte auf die kostenlose Werbung mit einem neuen Kunstwerk: Designer mit Vogel, äh, Kuckuck. Ein Siebdruck, hübsch zum Einrahmen – wenn man so tickt. Dann vielleicht doch lieber nur eine Wanduhr? Wem ein »echter Strumbel« zu teuer ist und eine original Schwarzwälder Kuckucksuhr zu spießig: Laubsäge aus der Werkstatt holen, Holz, Farben und ein Uhrwerk besorgen. Ein Kuckucksuhr-Bausatz oder ein Fundstück vom Flohmarkt zum Umgestalten tun's natürlich auch.

BEWEIS 20

Skizziere hier eine Kuckucksuhr nach deinen Vorstellungen.

21 Eine teigige Betrügerin

In Ehingen an der Donau »Schwäbische Maultaschen« selber machen

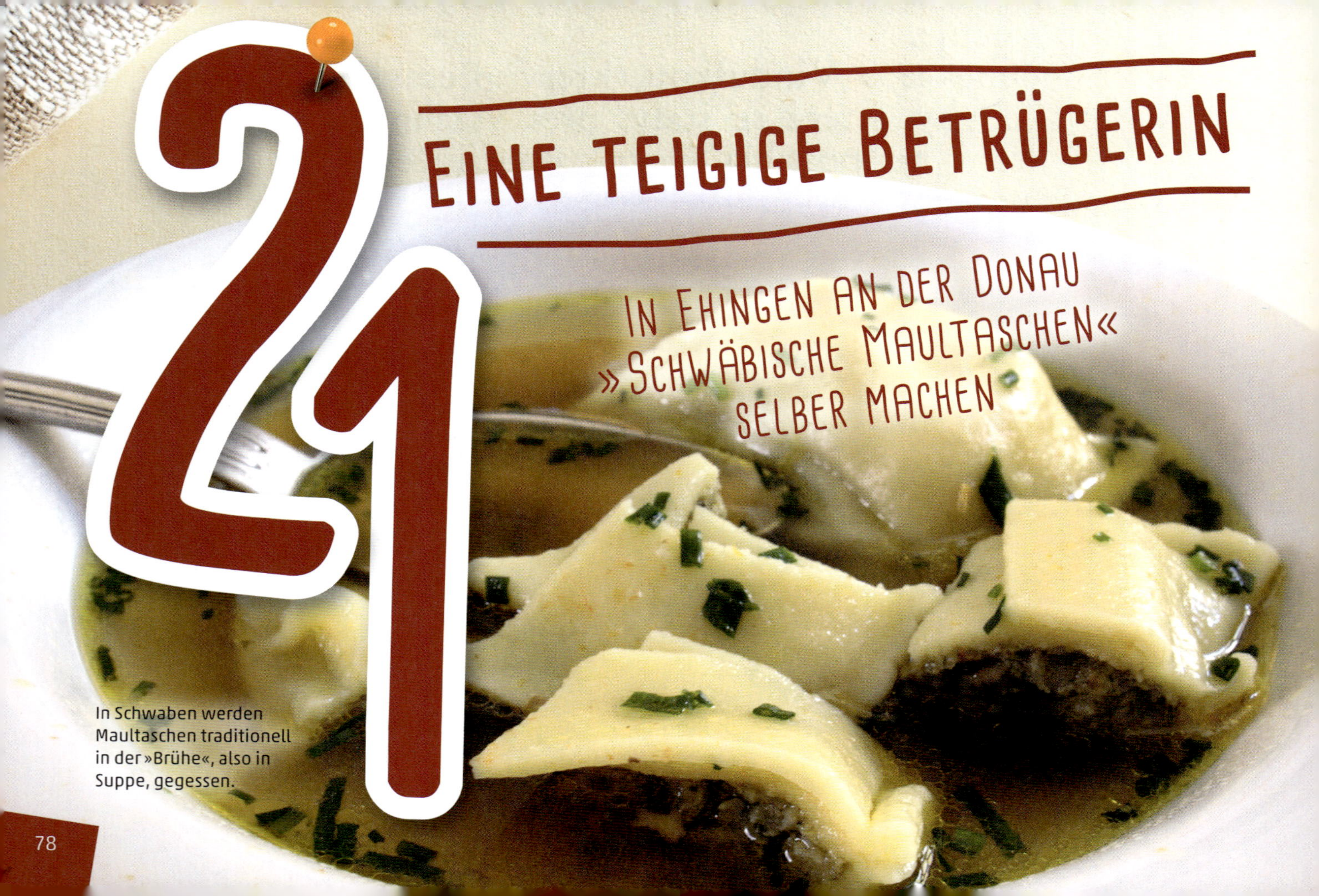

In Schwaben werden Maultaschen traditionell in der »Brühe«, also in Suppe, gegessen.

Bleich schwimmt sie in der Suppe. Wie eine Wasserleiche. Nicht unbedingt lecker anzusehen ist die Maultasche. Meint Thaddäus Troll, der 1980 verstorbene Schriftsteller, der die Schwaben kannte wie kein anderer. Und aus Schwaben, so erzählt es eine Variante des Maultaschen-Mythos, stammt schließlich die Teigtasche, die nach Troll »hehlinge« gut schmeckt – also heimlich gut. Nicht verwunderlich, dass sie ihr geschmacklicher Siegeszug längst über die Grenzen Schwabens bis nach Berlin und Köln, ja sogar bis nach Amerika geführt hat. Und auch kein Wunder, dass fast jeder sie seine Erfindung nennen will. Vorne dran die Kirche. Denn die wohl bekannteste Legende um die Maultasche stammt aus dem Kloster Maulbronn, das von Zisterziensern im Jahr 1147 gegründet wurde. Ein paar Mönche hatten einer Legende nach ein Stück Fleisch ergattert, das es schnell zu verspeisen galt. Doch was tun, es war doch Fastenzeit? Klein gehackt,

Maultaschen selber machen ist eine Kunst für sich.

gemischt mit Gartenkräutern und Spinat, verzauberten sie die unerlaubte Speise zu einer fastentauglichen »vegetarischen« Füllung, die sie in löffelgroßen Portionen in einen Nudelteig einschlugen. Fertig war die teigige Betrügerin Maultasche, die darum auch heute noch oft den Namen »Herrgottsbscheißerle« trägt und mit Vorliebe an Gründonnerstag und Karfreitag gegessen wird. Weitere Konkurrenten für die Herkunft der Maultaschen: die Chinesen, die mit Wan Tan eine ähnliche Köstlichkeit vorzuweisen haben. Oder die Italiener, die eine Verwandtschaft der Maultasche mit ihren Ravioli beschwören. Tatsächlich wird es aber wohl so gewesen sein, dass die Maultasche mit Marco Polo über Handelswege aus China und mit Friedrich II. aus Arabien nach Italien und von dort über die Alpen gewandert ist. Seit 2009 hat die »Schwäbische Maultasche« jedenfalls den Segen der Europäischen Union. Unter der Nummer DE-PGI-0005-0521-18.01.2006 zählt

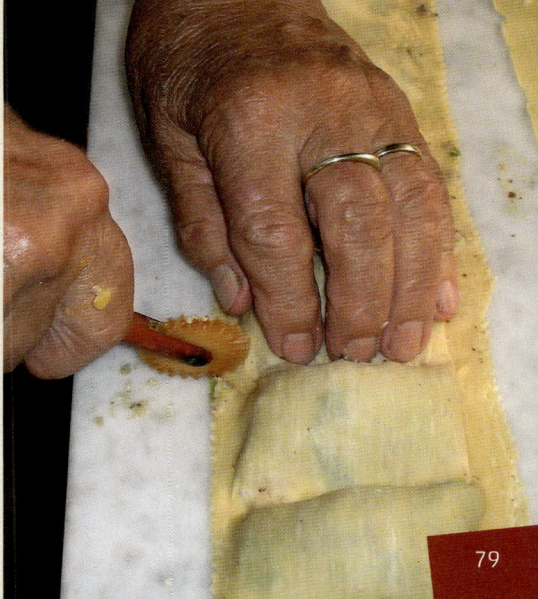

Bei den Italienern heißen die Maultaschen »Ravioli«.

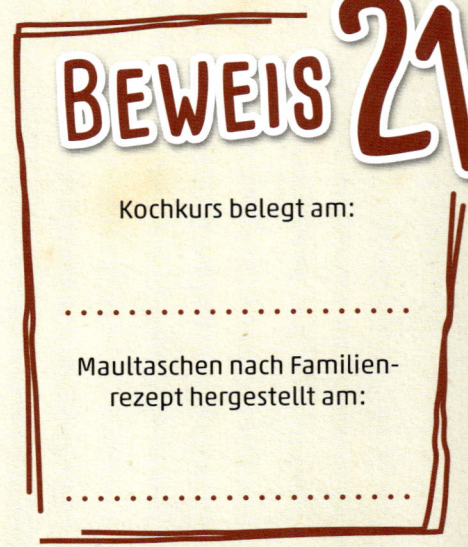

Kochkurs belegt am:

. . . .

Maultaschen nach Familien-
rezept hergestellt am:

. . . .

regelmäßig Kochkur-se. Denn obwohl die Maultasche etwas Urschwäbisches ist, wissen offenbar viele nicht mehr, wie sie den Herrgott so richtig hinters Licht führen können. Was aber wird aus Baden-Württemberg, wenn niemand mehr regionale Gerichte selbst zubereiten kann? Wenn etwa Spätzle nicht mehr geschabt, sondern nur noch aus einem Shaker oder einem Beutel gepresst werden? Wenn Maultaschen nur noch aus dem Tiefkühlregal oder von einem der Maultaschen-Imbisse stammen, die es nicht nur in Baden-Württembergs Landeshauptstadt Stuttgart, sondern auch in Friedrichshafen oder sogar Köln gibt? Du musst unsere

sie nun zu den »geschützten geografischen Angeboten«, wie »Schwarzwälder Schinken« oder »Allgäuer Emmentaler«. Echt ist die Schwäbische Maultasche aber nur, wenn sie aus Baden-Württemberg oder dem Regierungsbezirk Schwaben in Bayern stammt. Ehingen an der Donau liegt im Maultaschenherkunftsland. Hier, am Rand der Schwäbischen Alb, gibt Ochsen-Wirt Hans-Peter Huber

kulinarischen Kulturgüter retten! Melde dich zum Maultaschen-Kochkurs an. Oder frag nach Familienrezepten. Nimm dir Zeit für jede einzelne Teigtasche. Das würde auch Thaddäus Troll gefallen. Der mochte die »Schwäbische Maultasche« natürlich am liebsten selbst gemacht.

ALLES AUF ROT

Im Baden-Badener Casino Geld verpulvern

Liebe Minderjährige, bitte lest jetzt nicht weiter. Was ich gleich vorschlagen werde, ist nicht gut für euch. Erlaubt ist es unter 21 Jahren schon gar nicht. Zu gefährlich. Auch für willensstarke Erwachsene wie mich. Ich rede vom Glücksspiel. Eigentlich eine schöne Form der

In Baden-Baden wurde und wird nicht nur gekurt, sondern auch ums Glück gespielt.

Unterhaltung. Im Casino im Kurhaus Baden-Baden seit fast 200 Jahren. In dem mondänen Bau im Schwarzwald fand sich bereits in der Belle Époque, um die Wende vom 19. zum 20. Jahrhundert, Europas bessere Gesellschaft ein, um nach einem langen und anstrengenden Kurtag mit Wassertreten und Massagen in den Prunksälen der Spielbank zum Beispiel Karten zu spielen. Doch schon damals war das Glücksspiel für manche Menschen eine ernstzunehmende Gefahr, die alle Kurerfolge binnen weniger Minuten zunichte machen konnte. Wie heute auch. Man denke nur an den hohen Blutdruck, kurz bevor die Roulettekugel zum Stehen kommt. Wie unvorteilhaft rot er das Gesicht einfärbt! Und dann erst das Herz: ständig kurz vorm Bersten, weil man gerade den Wert eines gebrauchten Kleinwagens aufs Spiel gesetzt hat. Unvernünftig, so etwas!

Baden-Baden im 19. Jahrhundert.

Nächsten«) dafür ein, dass Glücksspiel nicht ins Unglück führt. Nicht nur sie, ein ganzer Präventionsbeirat engagiert sich im Süden der Republik dafür, dass du – egal ob in Baden-Baden oder andernorts – auch als weniger Gefährdeter auf dem roten, flauschigen Teppich des Casinos bleibst und die Gier nach Geld dich nicht auffrisst. Dafür fördert der Präventionsbeirat zum Beispiel den Dialog mit Glücksspielanbietern, um sie auf die Gefahren ihres Geschäfts für andere hinzuweisen. Auf Wunsch können Casino-Mitarbeiter sogar eine Fortbildung zu einer Art »Sozialarbeiter der Spielhölle« absolvieren. Wenn du Glück hast, triffst du also auf einen solchen Mitarbeiter, der dir diskret zu verstehen gibt, dass du gerade auf direktem Wege in den Abgrund schlitterst. Also, worauf wartest du noch? Spiel um dein Leben. Oder vielleicht besser doch nur um zehn Euro.

zu überfallen, um überhaupt spielen zu können? Wenn du nur ein paar dieser Fragen mit »Ja« beantwortest, lass es lieber! Denn dann könnte dein angeborener natürlich-menschlicher Spieltrieb womöglich ins Chaos abdriften, statt in geordneten Bahnen zu verlaufen. Es heißt ja nicht umsonst »Spielhölle«. Und kein Wunder setzt sich in Baden-Württemberg unter anderem auch die Evangelische Gesellschaft (»seit 1830 im Dienst am

BEWEIS 22

Hier einen Notgroschen für den Fall der Fälle befestigen.

23

BESINN DICH!

IN DEN RAUNÄCHTEN MIT SCHNEESCHUHEN DURCHS ALLGÄU WANDERN

Die Nächte rund um den Jahreswechsel haben etwas Magisches. Man denke nur an all die Vorsätze für das neue Jahr, die hoffnungsvoll wie Silvesterraketen in den Himmel schießen, nur um später meist kläglich wieder abzustürzen. Nicht nur in Baden-Württemberg glaubten die Menschen früher vielerorts daran, dass in den zwölf Nächten zwischen Heiligabend und Dreikönig, den »Raunächten«, über ihr Schicksal im kommenden Jahr entschieden würde. Auch heute halten sich einige noch an die althergebrachten Bräuche und achten darum in den Nächten zwischen 24. Dezember und 6. Januar darauf, was sie träumen. Andere lassen sich ein Jahreshoroskop erstellen oder gießen Blei, um aus spinnenbeinigen Klumpen herauszulesen, was das Jahr ihnen bringen wird. Landwirte und Hobbygärtner notieren sich an jenen zwölf Tagen noch immer gern das Wetter und übertragen es wie eine Vorhersage auf die Monate des anstehenden

Mal was anderes als Bleigießen: eine Schneeschuhwanderung.

85

Jahres. Oder sie lesen das Wohl und Wehe ihrer Ernte aus einer Zwiebel ab, die an Silvester in zwölf Teile zerschnitten und mit Salz bestreut wird. Über Nacht ziehen die so präparierten Stücke mal mehr, mal weniger Feuchtigkeit – angeblich Zeichen dafür, wie viel es in den einzelnen Monaten regnen wird. Humbug? Esoterik-Kram? Wer's glaubt, wird selig, wer's nicht glaubt, auch? Tatsächlich sollen sogar knallharte Manager dem Reiz der Raunächte etwas abgewinnen können und sie dazu nutzen, »die eigenen Dämonen zu umarmen«, sprich ihre Schattenseiten zu akzeptieren. Warum also mal nicht in

dieser Zeit nachts mit Schneeschuhen durchs Allgäu wandern? Schnaufend den »Schwarzen Grat«, den höchsten Berg Württembergs, erklimmen.
Bei jedem Schritt den eigenen Atem spüren.
Ganz besinnlich.
Die Stille genießen und die gute Luft.
Sterne zählen.
Die Arbeit Arbeit sein lassen oder Schule und Uni vergessen.
Oben auf dem Gipfel mit einem lauten Schrei die Geister des vergangenen Jahres vertreiben.
Sich ausmalen, was passiert, wenn all deine zukünftigen Vorhaben gelingen.

BEWEIS 23

Trage auf dieser Skala ein, wie gut im neuen Jahr die Chancen dafür stehen, dass du deine guten Vorsätze einhalten wirst.

sicher

vielleicht

vielleicht eher nicht

nie und nimmer

24 VORSICHT, BLEIFUSS!

MIT DEM EIGENEN AUTO AUF DEM HOCKENHEIMRING DIE REIFEN QUIETSCHEN LASSEN

Es soll ja Menschen geben, die von Russland, Amerika, Japan oder Brasilien nach Baden-Württemberg pilgern, um nur eines zu tun: rasen auf deutschen Autobahnen. Mit Bleifuß durch den Schwarzwald.

Vorbei an glotzenden Kühen und vor Begeisterung kreischenden Mädchen und Jungs. »Was für ein geiler Typ da am Steuer sitzt!« Oder: »Hast du die Braut hinter dem Lenkrad gesehen?« Manch einem Tempo-Touristen wird's in den scharfen Kurven dann aber doch schlecht wie in der Achterbahn. Zu viele Umdrehungen. Im Motor wie im Magen. Hätte man sich nicht doch auf dem Hockenheimring erst einmal an den Geschwindigkeitsrausch gewöhnen sollen? Monatelang hatte ein Freund versucht, mich zu genau solch einer Übungsfahrt im Kurpfälzischen zu überreden. »Also bitte, habe ich das nötig?«, schleuderte ich ihm jedes Mal entgegen, wenn er

wieder damit anfing. Und untermalte meine Ablehnung mit Beispielen aus meiner Fahrpraxis. »In Dubai bin ich mit einem Porsche Cayenne Turbo S über eine Düne gesurft wie die Göttin der Wüste!« Der Freund hat es dann doch geschafft, mich zu einer »Touristenfahrt auf dem Hockenheimring« (ja, so heißt das offiziell) zu überreden. Seine angeblichen Bestzeiten hatten mich überzeugt. Dass er entgegen seiner Angaben doch kein geborener Formel-1-Fahrer war, merkte ich, als wir in seinem Mercedes Sport-Coupé in die erste der elf Rechtskurven auf der 4,547 Kilometer langen Grand-Prix-Strecke gingen. »Sieht irgendwie nicht so gut aus«, dachte ich. Nicht, dass ich ihm nicht vertraute ... »Mensch, pass doch auf, siehst du nicht, dass da noch einer fährt!« »Bin doch kein Anfänger«, murmelte der Freund. Konnte er Gedanken lesen oder hatte ich doch laut herausgebrüllt, was ich eigentlich nur denken wollte? In der nächsten Kehre dann ein kleiner

Unterwegs wie die Profis. Auf einer Grand Prix-Strecke.

Stau. Rund 40 andere Fahrer waren mit uns und ihrem eigenen Auto auf dem Hockenheimring unterwegs. 1970 fand hier zum ersten Mal der »Große Preis von Deutschland« statt. Wir in den Reifenspuren der Profis! »Wusstest du eigentlich«, begann ich meinem Fahrer zu berichten, »dass Bernie Ecclestone daran zweifelt, ob der Große Preis von Deutschland in Hockenheim überhaupt noch stattfinden wird? Die Betreiber haben nämlich mit den Formel-1-Rennen

Auf zur Touristenfahrt auf dem Hockenheimring!

BEWEIS 24

Fahre am Hockenheimring
mit deinem Auto einmal über
dieses Buch.

zu viel Minus gemacht.« Doch mein Fachwissen interessierte ihn wenig. Der Möchtegernrennfahrer neben mir hatte Besseres zu tun. Er kämpfte mit einem W204 AMG-Modell, das an ihm vorbeiziehen wollte. »Rennen sind doch bei so einer Fahrt verboten«, raunzte ich Möchtegernrennfahrer Nummer 2 durch die Scheibe an und warf noch einen grimmigen Blick hinterher. Geschätzte sieben grimmige Blicke später düsten wir ins Ziel. Zwanzig Kilometer in 16 Minuten bei 75 Stundenkilometer Durchschnittsgeschwindigkeit, 15,5 Liter Spritverbrauch und jede Menge Abriebspuren an den Reifen. Der Freund klopfte mir auf die Schulter. »Na, hast dich als Beifahrerin ja ganz wacker gehalten«, meinte er gönnerhaft. Noch bevor ich antworten konnte, stand einer der anderen Touristenfahrer neben uns. »War ja 'ne nette Kaffeefahrt«, tönte er. »Immer diese Angeber«, dachte ich bei mir, »egal, wo man rast.«

ALLES BEIM ALTEN

IN »TRIPSDRILL« IN DER ALTWEIBERMÜHLE JUNG WERDEN UND DANACH ALLE ACHTERBAHNEN FAHREN

»Solange ich mein Gesicht ohne Missfallen betrachten konnte, vergaß ich es, es verstand sich von selbst. Jetzt ist alles vorbei. Ich hasse mein Spiegelbild: über den Augen die Mütze, unterhalb der Augen die Säcke, das Gesicht zu voll und um den Mund der traurige Zug, der Falten macht.« Simone de Beauvoir, diese kluge Frau, Vorbild vieler Feministinnen, konnte sich mit dem Alter nicht so recht anfreunden. Und schrieb darum ein Buch darüber. Titel: »Der Lauf der Dinge«. Genau der trifft irgendwann alle. Auch dich. Er ist nicht aufzuhalten. Er schenkt dir Krähenfüße, Zornesfalten, Truthahnhals, Altersflecken und Hängepo. Wenn er es gut mit dir meint, dann zieren deine Wangen sympathische Lachfalten und deine Nase kräuselt sich süß wie die eines Häschens, das vor sich hinmümmelt. Hilfreich ist aber auch eine gewisse Lässigkeit dem Thema gegenüber, wie sie die Schauspielerin Andrea Sawatzki (geboren 1963) vor sich herträgt. Das Gequatsche über Falten geht ihr – O-Ton – »ziemlich auf die Nerven«. Auch George Clooney (geboren 1961) zeigt keine Angst vor der Ü40-Party. Er ist ein Mann. Und »Männer haben einen erheblichen Vorteil: Wir kriegen Falten, werden fett und glatzköpfig oder weißhaarig und keinen kümmert's.« Glaubt er. Trotzdem geben auch seine Geschlechtsgenossen sich mittlerweile bereitwillig den verheißungsvollen Versprechen von Anti-Aging, Botox to go, Sport & Diät und Aus-Grau-mach-Schwarz-Haarfärbemitteln hin. Ist doch so! Und wer will sich als Frau schon als »Pop-Oma« bezeichnen lassen, wie es sich Madonna seit einiger Zeit gefallen lassen muss? Studien beweisen es nun mal: Attraktive, junge und dynamisch wirkende Menschen haben es im Leben leichter, ihre Ziele zu erreichen. Wer müde und gestresst daherkommt, sieht schnell alt aus. Eugen Fischer, Landwirt und Gastwirt in Cleebronn, hat diesen Jugendkult schon früh erkannt. Und wusste ihn zu nutzen. Am 30. Juni 1929 eröffnete er neben seiner Gaststätte eine »Altweibermühle«, die aus einer

Mit einem Rutsch die Falten los? In Cleebronn ist das möglich.

Tripsdrill macht jung!

Rutschbahn und einem Mühlenturm bestand. Eine Wahnsinns-Attraktion schon damals. Die Mühle in »Tripsdrill«, Deutschlands erstem Erlebnispark, sollte nämlich alte Frauen wieder jung mahlen. Rutsche runter. Jung bist du. Ganz einfach. Schönheit kommt nämlich doch von innen. Aus dem Gefühl, ganz leicht das Leben mit all seinen Spuren abschütteln zu können. Zurück in die Kindheit. Funktioniert auch mit einer Achterbahnfahrt auf allen Bahnen des Parks. Zig Loopings = Blut im Kopf = rosiger Teint = jugendliche Ausstrahlung. Probier's mal aus! Mach dich frei von Faltencremes und Laser-Lifting. Das gilt auch für Männer. Die und ihre Alterssorgen hat Familie Fischer ebenfalls bedacht. Man schwamm mit der Zeit, also auch der Emanzipationswelle, und baute schon 1970 die »Altmännermühle« – einen Geschicklichkeitsparcours über zwölf Stationen. Wirkungsvollste Zutat: 100 Prozent Bewegung. Macht garantiert selbst müde Männer munter. Auch wenn alles beim Alten bleibt.

BEWEIS 25

Vorher-Nachher-Bilder einkleben.

26

LAS VEGAS KANN EINPACKEN, VENEDIG AUCH

IN EINES DER FREIBURGER »BÄCHLE« FALLEN UND HEIRATEN

Neulich auf einer Hochzeitsmesse in Freiburg. Paare im Heiratswahn und auf der Suche nach dem perfekten Rahmen für ihre Liebe. Auf der Hitliste für den angeblich schönsten Tag des Lebens steht gutes Wetter ganz oben. Gefolgt von der Trauung in Las Vegas, den Flitterwochen in Venedig und dem, was wede-

93

Wer hier hineintritt, muss heiraten. Papierboote fahren lassen ist aber auch in Ordnung.

eine vierstöckige Hochzeitstorte aus Marzipan noch einer der anwesenden Hochzeitsplaner garantieren kann: dass sie hält, die Liebe. Wozu also all der Vorbereitungsstress, noch dazu an einem so unromantischen Ort wie einer Messehalle? Warum Venedig und Las Vegas, wenn Heiratswillige direkt vor der Tür, im schönen Freiburg, mindestens sieben Punkte ihrer Wunschliste abhaken können? Tolle Kirche, 17 000 Sonnenstunden im Jahr. Deutschlands sonnigste Stadt.

Und dann die Freiburger »Bächle«! Die mit dem Wasser des Flusses »Dreisam« gespeisten Wasserläufe plätschern durch die meisten Straßen und Gassen der Altstadt. Venedig in klein. Wie romantisch! Einer badischen Sage nach heiratet jeder, der bei einem Besuch in Freiburg versehentlich in eines der Bächle tritt, einmal eine Freiburgerin oder einen Freiburger. Die Wassertaufe wandelt sich also zu einer Art Eheversprechen. Allerdings hat sich die Bächles-Sage bei Gerhard

Schröder, heute Alt-Bundeskanzler, nicht erfüllt. Dabei war der doch im Juni 2001 während des deutsch-französischen Gipfeltreffens in einen der Wasserläufe getreten, als er gerade mit dem damaligen Staatspräsidenten Frankreichs, Jacques Chirac, auf dem Weg ins Rathaus war. Schröder war aber bis jetzt auch mit Doris Schröder-Köpf verheiratet, mit der er zwei Kinder adoptiert hat! Doch nun hört man, die Scheidung stehe an. Wird sich das Bächle-Orakel nun doch erfüllen? Wird Gerhard am Ende doch noch eine Freiburgerin heiraten? Gelegenheiten fürs Liebesglück finden sich entlang der rund neun Kilometer der oberirdisch verlaufenden Bächle in Freiburg genug. Solltest du also gerade deine Hochzeit planen und auf den Segen des Wassers nicht verzichten wollen, rein mit den Füßen ins kalte Nass! Für alle Singles gilt: Der Tritt ins Wasser sollte am besten nach Zufall und bloß nicht geplant aussehen. So bewahrst du dir und allen anderen, die deinen Liebe versprechenden Sturz beobachten, den Anschein der Romantik. Untermale deinen Sprung in eines der Bächle also mit einem überraschten »Hoppla« und lass dir im Anschluss vom Subjekt deiner Wahl beim Aufstehen helfen. Der Anfang ist gemacht. Jetzt liegt es an dir. Ganz Mutige spielen »Britney Spears in Las Vegas« und bestellen nach einer gemeinsam durchfeierten Partynacht mit dem oder der Auserwählten sofort das Aufgebot.

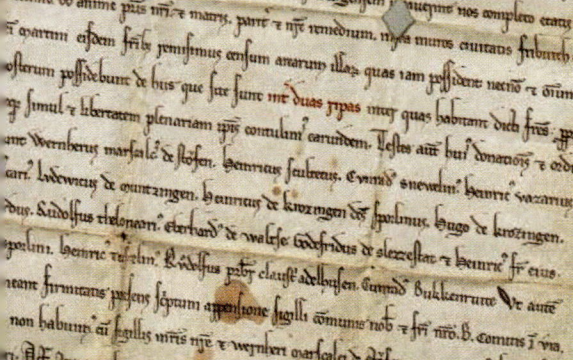

Schon 1238 werden die Freiburger Bächle in einer Urkunde erwähnt.

BEWEIS 26

Trockne auf dieser Seite deine nassen Strümpfe.

Der lange Weg zum Dipl. Asparagus

In Schwetzingen das Spargelstecherdiplom ablegen

Wer einen Titel will, muss schwitzen. Sei's über Büchern an der Universität, auf dem Fußballrasen oder dem Tennisplatz. Und auch ein Spargelstecherdiplom gibt es nicht »für umme«. Wer sich als Fachmann im Bereich Spargelernte hervortun will, der muss in Baden-Württemberg vorher ordentlich den Rücken krumm machen. Und nebenbei auch einiges an Fachwissen über das Staudengewächs mit dem lateinischen Namen »Asparagus« parat haben, das von Gourmets als »weißes Gold« oder »essbares Elfenbein« bezeichnet wird. Jedes

Jahr zwischen April und Juni organisiert die Stadt-information Schwetzingen zu diesem Zweck auf zwei Spar-gelhöfen einen eintägigen Work-shop. Die Schwetzinger kennen sich mit dem Stangengemüse nämlich besonders gut aus. Erfahrung macht den Meister. Schon im 17. Jahrhun-dert ließ Kurfürst Karl I. Ludwig im Garten des Schwetzinger Schlosses Spargel anbauen. Was Frankreichs König Ludwig XIV. in seiner Versailler Residenz genoss, das wollte auch der Pfälzer Gourmet von seinen Tellern naschen. Mit den Fingern – ganz so, wie es auch am Königshof üblich war. Die Finger schmutzig machen musste sich Karl Ludwig dafür aber nicht. Das »Drecksg'schäft« überließ

er seinen Angestellten. Sobald sich auf den aufge-schütteten Erddämmen, in de-nen das »königliche Gemüse« wuchs, kleine Risse bildeten, knieten sie auf den Feldern, um zu ernten. Ein müh-seliges Geschäft, das wahrscheinlich schon den Landwirten im römischen Reich Rückenschmerzen bereitete, die Spargel wahrscheinlich erstmals als Gemüse anbauten. Und da musst auch du jetzt durch, willst du dir das Spargelstecherdiplom als Trophäe an die Wand pinnen. Auf die Knie! Und dann ganz vorsichtig mit gespreizten Fingern den Spargel Stück um Stück von der sandigen Erde befreien, ohne die danebenstehenden Stan-gen zu beschädigen. Erst wenn etwa zwanzig Zentimeter ausgegraben sind, kannst du den Spargel unter-halb der Spitze behutsam festhalten und gleichzeitig die Spargelstange mit einem Spargelmesser abstechen. Beiseite geschobene Erde wieder ins Loch füllen. Weiter geht's zur nächsten Stange. In 24 Stunden

Die Kunst des Spargelstechens.

Spargeldenkmal in Schwetzingen.

wachsen die Spargelstangen bis zu sechs Zentimeter, weswegen am Tag zwei Mal geerntet wird. Ein guter Spargelstecher hat am Ende seines Arbeitstages bis zu 200 Kilogramm in seiner Gemüsekiste. Weil aber der Spargelgenuss heute nicht mehr nur Königen vorbehalten ist, sondern der Asparagus fast in jeder Küche schon einmal im Topf landete, reicht so eine Ausbeute nicht weit. Insgesamt 8935 Tonnen Spargel wurden 2014 in Baden-Württemberg geerntet und verkauft. Gut, gut. Für den Anfang und das Diplom als Spargelstecher sollte ein Kilo selbst geernteter Spargel genügen! Denn wenn wir mal ehrlich sind: Nach diesem Zeugnis wird dich wahrscheinlich niemand fragen. Obwohl, die Spargelkönigin, die dir dein Diplom verleiht, kannst du vielleicht damit beeindrucken. Oder du qualifizierst dich damit sogar für einen Job bei Christian Schmidt, Deutschlands Landwirtschaftsminister. Der Politiker aus dem Mittelfränkischen, der eigentlich selbst kein Agrarexperte ist, freut sich womöglich auf die Unterstützung eines »Dipl. Asparagus«.

BEWEIS 27

Kopie deines Diploms hier einkleben.

28

KONZENTRIER DICH DOCH MAL

DEN ULMER MÜNSTERTURM BESTEIGEN UND DABEI DIE STUFEN ZÄHLEN

Heute ist mal wieder dein (Sports-) Geist gefragt. Rauf geht's auf den Turm des Ulmer Münsters, den höchsten Kirchturm der Welt. Ein echter Baden-Württemberger weiß natürlich, wie viele Stufen bis auf die oberste Aussichtsplattform des insgesamt 161,53 Meter hohen Turms führen. Und hat selbst nachgezählt.

Wann sind wir endlich oben?

Eins, zwei, drei, vier, fünf, sechs … Halt mal. So geht das nicht. Nicht so nachlässig. Leg mehr Bedeutung in deine Schritte. Ist ja nicht irgendein Turm. Nein, das Münster ist das Zeichen eines Befreiungsschlages! Im 14. Jahrhundert – in und um Ulm herrschte gerade ein wenig Unruhe – beschlossen die 10 000 Bürger der Stadt, eine eigene Kirche zu bauen. Sie wollten einfach nicht länger vom Kloster Reichenau abhängig sein, dem sie von Karl dem Großen unterstellt worden waren. Außerdem lag ihre Kirche verdammt weit draußen außerhalb der Stadtmauern. Viel zu gefährlich, dorthin zu gehen, falls die Stadt gerade mal wieder belagert wurde. Also warfen sie ihr Geld zusammen, um den Bau ihrer eigenen Kirche zu stemmen. Unglaublich, was? Aber jetzt solltest du doch wirklich mal weiterzählen! Du warst glaub' ich bei fünf.
Fünf, sechs, sieben, … , dreiunddreißig, vierunddreißig …
Ganz oben hat man übrigens eine

wunderbare Aussicht auf das baden-württembergische Ulm und das bayerische Neu-Ulm. Auf die Alpenkette sowieso. 'tschuldigung, ich wollte nicht stören.
Fünfunddreißig, sechsunddreißig, siebenunddreißig, … , neunundvierzig, fünfzig …
Das wäre jetzt doch mal ein guter Zeitpunkt, um eine Pause einzulegen. Die Ulmer haben das Münster ja auch nicht so hopplahopp gebaut. Gut Ding will Weile haben, sagt man doch! Also, Baubeginn war 1377. Und 1543 war erst einmal Schluss. Die Reformation hatte die Welt durcheinandergebracht, die Politik sowieso. Außerdem war vor allem das Geld alle. Kaum einer der Bürger, der am Anfang für den Kirchenneubau gespendet hatte, dürfte das aber erlebt haben. Immerhin: 100 Meter ragte der Hauptturm des Münsters zu diesem

Wer ganz hoch will, muss noch diesen Treppenaufgang bewältigen.

BEWEIS 28

Stufen gezählt

Zeitpunkt schon in den Himmel. Dem Himmel sollten wir jetzt auch mal wieder ein Stück näherkommen. Auf geht's, weiter!
Einundfünfzig, zweiundfünfzig, ..., fünfundsechzig, oder dreiundsechzig?
Ne, 1844. Erst 1844 fing man wieder an, an der Kirche weiterzubauen. Neues Geld, neues Glück! Und neue

Noch so ein Wahrzeichen: der Ulmer Spatz.

Münsterbaumeister. Nummer sieben und acht. Apropos, wolltest du nicht weiterzählen?
Also dreiundsechzig, ..., einhundertzehn ...
Das muss ich auch noch erzählen: Als ökonomisch konnte man die ganze Münsterbauerei ja nicht bezeichnen. Erst 1890 war das Ulmer Münster komplett, 513 Jahre nach Baubeginn also. Um die Kirche zwischendrin weiterbauen zu können, musste teilweise an manchen Stellen die alte Bausubs-

tanz erst einmal wieder aufgemöbelt werden. Wie bei einem Rohbau eben, der viele Jahre brachgelegen ist. Das geht ganz schön ins Geld. Jetzt ist man ja auch wieder am Sanieren. Ganze 25 Millionen Euro sind veranschlagt, um den Hauptturm instand zu setzen. Zehn Jahre Arbeit. Das Ulmer Münster ist ein Eldorado für Steinmetze! Und fertig ist diese Kirche wohl nie. Wann sind wir eigentlich endlich oben? Mensch, jetzt konzentrier dich doch mal aufs Zählen.

Der große Kitzel

Im Remstal Brause lutschen, bis sie zu den Ohren rauskommt

Immer wollte ich sein wie er. Ein Eroberer der Meere, ein Entdecker neuer Welten, ein ewigfröhlicher, lustiger Mensch. Denn all das verkörperte für mich der blaue Kerl mit der Matrosenmütze, der auf den kleinen, mit Brausepulver gefüllten Tüten prangte. Meine Lieblingssüßigkeit. »Ahoi, Seemann!«, rief ich darum auch jedes Mal aus, bevor ich mir den Inhalt des Papierbeutels direkt in den Mund kippte, statt ihn in Wasser aufgelöst als Limo zu trinken. Runter mit dem Säurekick, auf einmal natürlich. Wie ein harter Kerl oder ein mutiges Mädel das eben tut. Später, in der Pubertät, kam ich dann sogar auf die Idee, mir das saure Pulver wie Schnupftabak die Nase hochzuziehen. Eine Art Mutprobe in meiner Clique: Was nicht tötet, macht stark. Angeblich soll dem einen oder anderen der Schaum zu den Ohren wieder herausgekommen sein. Naja. Zur Nachahmung würde ich diese Prozedur aber nicht jedem empfehlen. Nur einem, der ein richtig harter Baden-Württemberger sein will und der auf wunde Nasenlöcher und feuchte Ohren steht. Wer beim Brauseschlecken lieber gut aussehen und außerdem noch cineastisch gebildet wirken möchte, dem lege ich eher diese Variante nahe: Pulver – wahlweise in den Geschmacksrichtungen Waldmeister, Zitrone, Himbeer oder Orange – auf den Bauch einer Frau schütten. Einen Moment warten, dann die Brause genüsslich aus dem Bauchnabel der Frau schlürfen. Na, welcher Film war das? Nein, nicht die Sendung, in der Harald Schmidt (ein echter Schwabe) dem in Stuttgart geborenen Model Monica Ivancan das süß-saure Prickelzeugs aus dem Bauchnabel schleckte. Der Late-Night-Comedian und die ehemalige Freundin von Schauspieler Oliver Pocher haben die Szene selbst nur abgekupfert. Günter Grass war es, der der »Ahoj-Brause« in seinem Roman »Die Blechtrommel« ein Denkmal setzte. Der kleinwüchsige

So sah das Logo der Brause noch in den 1950er-Jahren aus.

Es geht auch ohne Bauchnabel! Einfach Brausepulver hier aufstreuen, ablecken und warten, bis es in den Ohren schäumt.

Brausepulver, Brausetabletten, Brausebrocken – gar nicht auszudenken, was sich damit alles anstellen lässt.

Oskar Matzerath und die 17-jährige Maria Truczinski entdecken in dem von Volker Schlöndorff verfilmten Buch mit dem Prickelpulver ihre Sexualität. Und machten mit diesem erotischen Einfall die Brause aus Baden-Württemberg weltberühmt. Wie oft der Gaumenkitzel in den Betten dieser Welt bisher nachgestellt wurde? Keine Ahnung. So genau will ich es auch nicht wissen. Was ich weiß, ist: Das zischende Pulver läuft seit den 1950er-Jahren im Remstal, wo ich geboren wurde und aufgewachsen bin, vom Band. Von mir aus können alle sich Brause oder Bier oder sonst was in den Bauchnabel kippen. Ich bleib lieber doch bei meinem eigenen unschuldig knisternden Ritual. Meine Hommage an meine Kindheit: »Ahoi, Seemann!« Mann, war das sauer!

MELODIEN FÜR MILLIONEN

MIT EINEM BADENER DAS WÜRTTEMBERGER UND DAS BADNERLIED SCHMETTERN

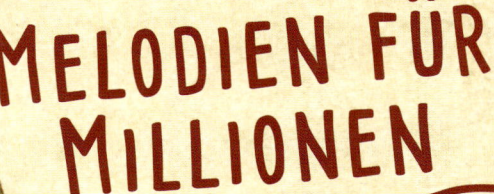

Ölbronn-Dürrn, Villingen-Schwennningen, Adelsheim. Seit 1952 darüber abgestimmt wurde, dass aus Württemberg-Baden, Südwürttemberg-Hohenzollern und Baden »Baden-Württemberg« wird, leben in diesen Städten Schwaben und Badener vereint und meist auch friedlich miteinander.

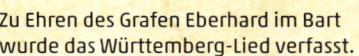

Zu Ehren des Grafen Eberhard im Bart wurde das Württemberg-Lied verfasst.

30

Um den Hals fallen sie sich trotzdem noch selten. Weder hier noch in anderen Städten und Dörfern, in denen weiterhin die alten Grenzsteine stehen. Da können der badische Greif und der württembergische Hirsch im Landeswappen noch so harmonisch zusammenstehen oder in den Werbekampagnen zum 50. oder 60. Landesjubiläum sogar miteinander tanzen. Wenn's hart auf hart kommt, ist und bleibt der Graben aus Vorurteilen zwischen den Parteien

Justinus Kerner schrieb den Text für die württembergische Nationalhymne.

manchmal leider unüberwindbar. Test gefällig? Dann fahr zum Beispiel nach Adelsheim. Bau dich vor dem dortigen Amtsgericht auf, genau zwischen die beiden alten Grenzpfeiler, die dort stehen, und versuche, mit Passanten ins Gespräch zu kommen. Etwa so: »Sind Sie ein echter Badener?« Funktioniert meistens. Auch wenn der Angesprochene kein Badener ist, sondern zufällig ein Schwabe aus dem angrenzenden Roigheim. Irgendeine Reaktion folgt immer! Zum Beispiel: »Um Goddes willa, noi, was denket denn Sie?!« (Um Gottes willen, nein, was denken Sie denn?) Jetzt aber zum Härtetest! Du sollst ausprobieren, ob du mit einem Badener das Württemberger Lied und umgekehrt mit einem Schwaben das Badnerlied singen kannst. Es kann aber passieren, dass du dich dabei fühlst wie ein Protestant, der versucht, einen Katholiken von der Erlösung allein aus Gottes Gnade zu überzeugen. Sollte dein Gegenüber besonders unwillig sein oder sich drücken wollen, indem er einen Schwindelanfall vortäuscht (auf Badisch: »'s isch mer jetzt grad bigoscht ä bissli dirmlig!«), dann stelle ihm in Aussicht, dass er im Anschluss natürlich auch seine Regionalhymne singen darf. Das beruhigt ungemein. Und bitte: Wage solch ein Experiment nie, nie, nie in einem Fußballstadion, in dem gerade der Karlsruher SC, der SC Freiburg oder der VfB Stuttgart spielt. Es könnte ins Auge gehen. Warum? Tja, das soll mal einer kapieren.

Württemberger Lied
...
Eberhard, der mit dem Barte,
Württembergs geliebter Herr,
Sprach: »Mein Land hat kleine Städte,
Trägt nicht Berge silberschwer;

Doch ein Kleinod hält's verborgen:
Daß in Wäldern, noch so groß,
Ich mein Haupt kann kühnlich legen
Jedem Untertan in Schoß.
...

Badnerlied

Das schönste Land
in Deutschlands Gau'n,
das ist mein Badner Land.
Es ist so herrlich anzuschaun
und ruht in Gottes Hand.

D'rum grüß ich dich
mein Badnerland,
du edle Perl' im deutschen Land,
deutschen Land.
frisch auf, frisch auf;
frisch auf, frisch auf;
frisch auf, frisch auf
mein Badnerland.

Zu Haslach gräbt man Silbererz,
bei Freiburg wächst der Wein,
im Schwarzwald schöne Mädchen,
ein Badner möcht' ich sein.

BEWEIS 30

Exper ment geglückt/
missglückt am:

. . . .

PECH FÜR DICH, DU FALSCHE SCHLANGE!

DIE »REICHENAU« BEI SONNENUNTERGANG ERLEBEN UND IN DEN APFEL DER VERSUCHUNG BEISSEN

31

Malerischer Sonnenunter-
gang auf der Reichenau.

Eigentlich hatten Adam und Eva es im Paradies ganz gut. Sie mussten nicht arbeiten und durften nackt in der Sonne umhertollen. Der Garten Eden bot Vollpension zum Nulltarif. Trotzdem reichte ihnen all das irgendwann nicht mehr. Und so kam es, dass das Einzige, was ihnen verboten war, auf den Hinweis einer falschen Schlange in ihr Visier geriet: der Baum der Erkenntnis. Daran ein Apfel. Angeblich. Hineingebissen – und peng, der Sündenfall. Vorbei die Zeit der Unschuld für Adam und Eva und alle, die ihnen noch nachfolgen sollten! Blöder Apfel aber auch. Und ausgerechnet dieses Kernobstgewächs bauten die Mönche an, die auf der Bodenseeinsel »Reichenau« im Jahr 724 ein Kloster gegründet hatten. Sie überzogen die größte Insel des »Schwäbischen Meeres«, die früher noch »Sintlazau« hieß, mit einer Plantage, auf der die Früchte an den Bäumen bestens gediehen. Dem warmen Klima des Voralpenlandes sei Dank! Der guten Pflege der Mönche sowieso. Sie waren sich nicht zu fein, ordentlich Mist auf den Feldern zu verteilen. Ökolandwirtschaft pur. Die Ergebnisse konnten sich sehen lassen. »Blühendes Eiland, wie bist du vor anderen gesegnet!«, schwärmte rund 100 Jahre nach der Gründung des Klosters Abt Ermenrich von Ellwangen. Und lobte die reichliche Ernte. Versteh einer diesen Mönch! Freute sich darüber, dass eine Frucht wie der Apfel, der der Menschheit ein schweres Leben eingebrockt hat, so prächtig wächst ... Recht hatte er. Denn bis heute weiß niemand, ob es tatsächlich ein Apfel war, den Eva ihrem Adam unter die Nase hielt. Es können auch Feigen, Datteln oder Granatäpfel gewesen sein. Die belesenen Mönche auf der Reichenau dürften das gewusst haben. Wahrscheinlicher ist auch, dass die Ordensbrüder sich an einen Auftrag Karls des Großen hielten, als sie auf ihren Ländereien Apfelbäume anpflanzten.

Blick über Reichenau-Niederzell.

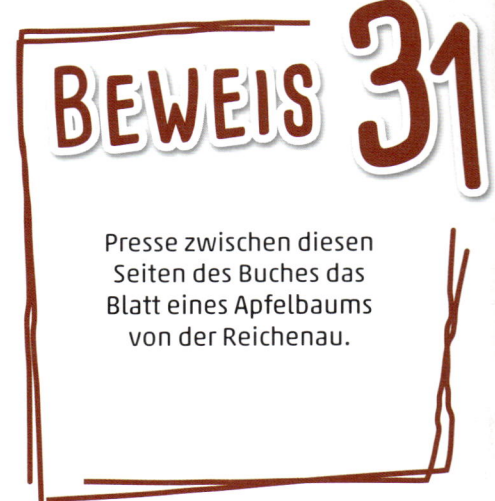

BEWEIS 31

Presse zwischen diesen Seiten des Buches das Blatt eines Apfelbaums von der Reichenau.

Der Herrscher des Frankenreiches ließ überall, wo er mit seinen Truppen Quartier bezog, unter anderem Apfelbäume kultivieren. Natürlich auch auf der Reichenau, die unter Karls Herrschaft zu einer der bedeutendsten Abteien des Reiches aufgestiegen war. Wenn es um Äpfel ging, mischte sich Karl aber nicht nur bei den Mönchen ein. Selbst Liebespaaren soll er angeordnet haben, einen Apfelbaum zu setzen. Am Tag ihrer Hochzeit. Ein wohl eher pragmatischer als romantischer Gedanke. Doch wer braucht schon einen Potentaten, um auf der Reichenau unter einem Apfelbaum zu sitzen, verliebt in den Sonnenuntergang zu blinzeln und in einen Apfel zu beißen? Das bekommst du ganz alleine hin. Fast. Deinen Adam oder deine Eva solltest du natürlich mitnehmen. Der verführerischen Schlange werdet ihr auf eurem Ausflug aber nicht mehr begegnen. Einer Legende nach hat Abt Pirmin, Gründer des Klosters Reichenau, bei seiner Ankunft auf der Insel alle Schlangen vertrieben. Damit keines dieser Kriechtiere einem Menschen jemals wieder schaden kann.

32

WÜRFEL STATT WAFFEN

MUTSCHELN IN REUTLINGEN

Die Mutschel soll an die Handwerkszünfte erinnern, die sich im Mittelalter um Reutlingens Hausberg Achalm angesiedelt hatten.

Wenn Reutlingen auf etwas stolz ist, dann auf seine »Mutschel«. Präsentiert sich die Achalmstadt auf Messen, ist das sternenförmige Hefegebäck mit den acht Zacken und der Erhebung in der Mitte immer mit dabei. Als riesengroßes wandelndes Maskottchen. Irgendein junger Mensch, der dafür Taschengeld kassiert, schlüpft in ein goldbraunes Kostüm. In Begleitung einer mittelalterlich gekleideten Mutschelbäckerin wackelt er dann lustig durch die Gegend und muss meistens viele Fragen beantworten. Denn nur wenige Nicht-Reutlinger können etwas mit dem essbaren Gebilde anfangen, das der Bäckermeister Albrecht Mutschler erfunden haben soll. Um die Mutschel ranken sich zahlreiche Geschichten und »G'schichtle«. Die Mutschel erinnert, lautet eine davon, in ihrer Form an den Stern von Bethlehem. Die andere Variante behauptet, sie bilde die Handwerkszünfte ab, die es im Mittelalter rund um die Stadt am Fuße des Berges Achalm gab. Was auch immer davon stimmt: Für Reutlinger ist die Mutschel ungefähr das, was für Schauspieler ein »Oskar« ist. Immer am ersten Donnerstag nach dem Dreikönigstag, dem »Mutscheltag«, wird um das mal süße, mal herzhafte Stück gebackenen Teigs gekämpft. Mit Würfeln. In Kneipen, Gaststätten und Wohnzimmern wird »gemutschelt«. Ein heiliger Tag für die Bürger der Achalmstadt. Rot angestrichen in den Kalendern von Jung und Alt. »Der Wächter bläst vom Turme«, »Der lange Entenschiss« oder »Das nackerte Luisle« heißen die Spiele, bei denen es immer darum geht, ein Stück oder sogar das ganze Gebäck als Gewinn mit nach Hause zu nehmen. Oder es gleich an Ort und Stelle aufzuessen. Weil das auf Dauer aber eine recht trockene Angelegenheit ist, fließt am Mutscheltag ordentlich Wein und Hochprozentiges. Das macht lustig, das macht locker. Was für ein Spaß! Richtig ausgelassen wird es bei der Spielvariante »Sieben frisst«. Zur Mutschel wird dann auch

Wurstsalat serviert. Wer den Wert sieben würfelt, darf mit Messer und Gabel anfangen, vom Reutlinger Traditionsgebäck samt Beilage zu essen. Bis zur nächsten Sieben. Erinnert dich das ein wenig an deinen Kindergeburtstag, bei dem du mit Freunden unter lautem Geschrei und Lachen um Schokolade gewürfelt hast? Das Mutscheln aber hat eigentlich einen weniger ausgelassenen Hintergrund. Im Mittelalter wurden in Reutlingen – wie in anderen freien Reichstädten auch – einmal im Jahr die Männer, die vor Kurzem geheiratet hatten, zum Stadtmilitär eingezogen. Sollte es zu einem Krieg kommen, war es ihre Aufgabe, die Stadt zu verteidigen. Am Tag ihrer »Einberufung« fand zu Ehren der neuen Rekruten ein Schützenfest statt. Sie und die anderen Männer der Stadt durften dann mit Spaß drauflosballern. Auf Zielscheiben im Schützenhaus statt wie im möglichen Ernstfall auf einen Gegner. Dem Sieger winkte eine riesige Mutschel. Nur, wer nicht so gut schießen

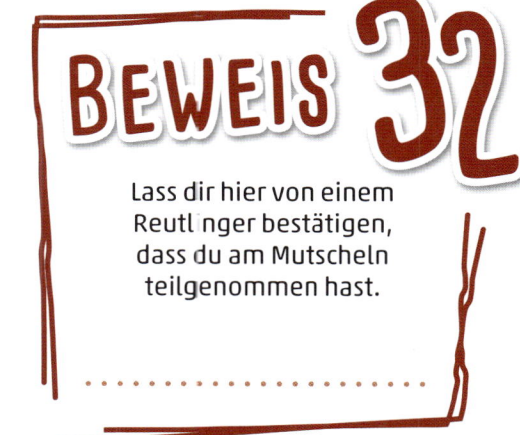

BEWEIS 32

Lass dir hier von einem Reutlinger bestätigen, dass du am Mutscheln teilgenommen hast.

konnte oder wollte, kämpfte in den Schankstuben, die zu den Backstuben gehörten, spielerisch um den schmackhaften Preis. Nieder mit den Waffen, ran an die Würfel! Zum Glück hat sich die friedlichere Variante des Mutschelns durchgesetzt, als Reutlingen zu Beginn des 19. Jahrhunderts den Reichsstadt-Status verlor. Da spielt man als richtiger Baden-Württemberger doch gleich noch mal so gerne mit.

Ganz Großes Theater

An einer Sitzung des baden-württembergischen Landtags teilnehmen, ohne dabei einzuschlafen

Guido Wolf streichelt gerne Ziegen. Er freut sich, wenn er abends beim Zubettgehen sagen kann, dass er sich nicht verstellt oder verbogen hat. Lieber ehrlich als windschlüpfrig. So will er sein, der ehemalige Präsident des Landtags von Baden-Württemberg, der zum Zugpferd der Südwest-CDU für die Landtagswahl 2016 auserkoren wurde. Klingt doch sympathisch, oder? Soll's ja auch. Als Politiker muss man neuerdings nahbar sein. Wie unser Staatsoberhaupt Angie, die Rouladenkönigin, die gerne Spreewaldgurken kauft. Was aber macht eigentlich

so ein Landtagspolitiker den lieben langen Tag? Ausschlafen? Irgendwann mit dem Chauffeur zur Arbeit und dann gemeinsam mit einem Haufen anderer Abgeordneter die Zeit in einer Plenarsitzung vertrödeln? Viel Geld verdienen? Nichts Genaues weiß man nicht. Vermutet aber wird viel. Da hilft nur eines: Politikertagebücher lesen oder ab in eine Sitzung des Landtags in der Landeshauptstadt Stuttgart. Nicht nur Schulklassen, sondern alle, die sich dafür interessieren, dürfen den Abgeordneten bei uns im »Ländle« bei der Arbeit zusehen. Voranmeldung wird erbeten. Und bitte Ruhe auf den billigen Plätzen! Im Zuschauerrang sind bei öffentlichen Sitzungen »Beifalls- und Missfallensäußerungen« nämlich nicht erlaubt. Plakate hochhalten? Der

Bitte Platz nehmen! Das gilt hier aber nur für Landtagsabgeordnete.

Rausschmiss droht. Keine unerlaubten Filmaufnahmen und Fotos. Ja, Regeln werden im Landtag groß geschrieben. Nicht nur für Gäste. »Klingeling«, die Parlamentsglocke läutet. Die Sitzung ist eröffnet. »Nehmen Sie bitte ihre Plätze ein und stellen sie die Gespräche möglichst ein oder führen Sie sie so leise, dass es niemanden stört«, mahnt Landtagspräsidentin Muhterem Aras. Wer als Abgeordneter nicht an einer Plenarsitzung teilnimmt, hat sich abzumelden. Ab 10 Uhr 30 hat sich aus dienstlichen Gründen »Herr Ministerpräsident Winfried Kretschmann« entschuldigt. Ach, ja, und außerdem: Der eigene Vortrag darf nicht abgelesen werden. Freie Rede, aber bitte nicht zu lang! Vorgaben beachten. Höflich bleiben. Applaus! Prima Vorstellung. Nur ein leises »Buh«. Schlips um den Kragen? Keine Pflicht. Doch oben ohne geht man hier im Wald der Schwarzgekleideten selten. Keine Krawatte zu tragen, zeugt wie bei Jürgen Walter meist von (grünem) Eigensinn. Schon mal was von »Quartiersentwicklung« gehört? Von »Reaktorsicherheit« und »Alterspyramide«? Eigentlich interessante Themen. Sie betreffen auch dich! Demokratie ist, wenn man mitmacht. Also nicht mit dem Handy spielen. Und bloß nicht einschlafen! Ja, Du! Denn Politiker schlafen nie. Wenn, dann nur ganz heimlich. Ist aber doch menschlich.

Landtagspräsidentin Muhterem Aras.

BEWEIS 33

Nimm die Parlamentsglocke auf und verwende sie als Klingelton für wichtige Anrufe auf Deinem Smartphone.

34

KLOPF, KLOPF

AUF DER SCHWÄBISCHEN ALB NACH VERSTEINERUNGEN SUCHEN

Ist da jemand? Vorsichtig drehe und wende ich das Schieferstück, das vor mir auf dem Boden liegt. Könnte eine Schnecke drin sein.

Vielleicht aber auch ein Fisch. Eins ist klar: Es rührt sich nicht mehr. Wie auch? Seit rund 180 Millionen Jahren ist mein mögliches Fundstück hier

... im Schiefersteinbruch Kromer in Ohmden südöstlich von Stuttgart im Gestein eingesperrt. Und wartet nur darauf, von mir mit Hammer und Meißel und ein wenig Fingerspitzengefühl befreit zu werden. Ich muss nur die Schieferplatte senkrecht stellen und den Stein dann ganz vorsichtig spalten. Immer schön den Linien entlang, die sich an der Kante abzeichnen. In irgendeiner Schicht werde ich schon etwas finden, und sei es noch so klitzeklein. Neben mir klopfen Kinder, ihre Eltern und Großeltern. Wohl kaum ein Baden-Württemberger war in seiner Kindheit nicht auch schon hier. Eine spanische Reisegruppe hat scheinbar das Glück gebucht. Ein schwarzer Donnerkeil und versteinerte Muscheln und Ammoniten werden herumgereicht. »Oh!«, »Aah!« und »maravillose« – wie wunderbar! Macht sich zuhause auf dem Regal als Erinnerung sicher gut.

Vorsicht, Steineklopfen kann süchtig machen.

Ein solch tolles Fundstück müsstest du zu Forschungszwecken aber abgeben.

Solange es sich nicht um einen Fund mit wissenschaftlicher Bedeutung handelt, darfst du im Steinbruch von Ralf Kromer deine Ausbeute auch mit nach Hause nehmen. Alles andere gehört – tut mir leid – dem Land Baden-Württemberg. Denn der Steinbruch liegt, wie viele andere in der Umgebung auch, seit 1979 im »Grabungsschutzgebiet«. Die schönsten Versteinerungen landen aber meist im Urweltmuseum in Holzmaden. Und erzählen davon, dass auf der Schwäbischen Alb einst Dinosaurier und Reptilien wie der »Steneosaurus« lebten. Ein wahrer »Jurassic Park«. Wie Ohmden liegt auch die Gemeinde Holzmaden dort, wo sich im Erdmittelalter das Ufer eines riesigen Jurameeres erstreckte und subtropische Temperaturen herrschten. Doch das Meer verlandete irgendwann und das Muschelstück, das ich in meinem Schieferstück gefunden habe, wurde im Uferschlamm luftdicht eingeschlossen und so konserviert. Nach und nach und immer höher zeichneten sich die Felsen der Schwäbischen Alb am Horizont ab. Rau und steinig wurde die Landschaft. Schade eigentlich, das mit dem Klimawandel. Denn noch lieber als Steineklopfen wäre mir ja tatsächlich ein Spaziergang am Meer.

Pause mit Hilfe eines Bleistiftes deinen Fund hier ab.

35

MARIA, HILF!

NACH WALLDÜRN FAHREN UND DABEI SELIG WALLFAHRTSLIEDER SINGEN

Stell dir vor: ein lauer Sommerabend. Die Party ist zu Ende. Du sitzt auf dem Balkon oder der Terrasse, in der Hand ein Glas mit Rotwein. Auf dem Tisch liegt weißes Leinen. Ein feines Stück, geliehen von deiner Nachbarin. Leider verschüttest du genau auf diesem Tischtuch das edle Stöffchen. Rotweinflecken. Aber halt, was ist das? Das sind nicht nur einfach hässliche Spritzer, nein! Es ist ... das Bild von einem Baum.

Seit dem Mittelalter pilgern Gläubige nach Walldürn.

Ein wunderbares Kunstwerk. Sicher wird das auch der Nachbarin gefallen. Doch was sich hier anhört wie der Versuch, sich ein Missgeschick schönzureden, ist ganz ähnlich in einer katholischen Kirche in Walldürn im Odenwald passiert. Bei einer Eucharistiefeier im Jahr 1330 stieß der Walldürner Priester Heinrich Otto in der Kirche St. Georg einen Kelch mit geweihtem Wein um. Der ergoss sich auf das Altartuch und hinterließ dort nicht nur das Bild des Gekreuzigten, sondern auch elf Mal seinen von einem Dornenkranz umgebenen Kopf. Ein Wunder! Hätten andere Priester wahrscheinlich sofort ausgerufen. Schließlich war es nicht irgendein Wein, der das Bild auf das Leintuch gemalt hatte, sondern gewandelter Wein. Das Blut Christi! Doch Heinrich Otto hatte Angst. Erkannte er das Wunder nicht? Sah der Priester nur sein Missgeschick? Auf jeden Fall versteckte er das Altartuch und beichtete die Geschichte erst kurz vor seinem Tod. Schnell sprach sich herum, was in Walldürn geschehen war. Die Menschen im Ort verehrten

Weil Papst Eugen IV. der Walldürner Kirche erlaubte, Ablass zu gewähren, kamen die Gläubigen plötzlich von überall her.

das Tuch. Und weil Papst Eugen IV. der Walldürner Kirche 1445 erlaubte, den Wallfahrern immer am achten Tag nach Fronleichnam den Ablass zu gewähren, sie also von einer Schuld loszusprechen, kamen die Gläubigen auf einmal von überall her. Hunderte von Kilometern legten sie manchmal zu Fuß zurück, sangen »Oh, reinste Jungfrau« und »Komm, oh frohe Christenschar«, beteten Rosenkränze und sprachen Fürbitten. Auch heute läuft das so ab. Wer nicht dabei sein kann, sendet sein Gebet via »WhatsApp« an andere »Waller«, wie die Wallfahrer auch genannt werden. Die Welt verbunden mit Walldürn. Man mag das alles glauben oder nicht – ein Ereignis sind die vier Wochen Hauptwallfahrtszeit auf jeden Fall. Ein katholischer Kirchentag im Kleinen. Und wenn du den langen Weg von Köln oder Fulda nach Walldürn zu Fuß auf dich nimmst, rufst du ein »Maria, hilf!« vielleicht irgendwann auch, ohne dass du an das blutige Wundertuch vom Odenwald glaubst.

Kreiere dein eigenes Wein-Wunder-Bild.

BEWEIS 35

36

EIN SAHNIGER (ALP-)TRAUM

EINE SCHWARZWÄLDER KIRSCHTORTE BACKEN UND EINEN CHINESEN ZUM KAFFEE EINLADEN

Manche Leute kommen aber auch auf Ideen! Eine Schwarzwälder Kirschtorte zu backen, um dadurch zu einem echten Baden-Württemberger aufzusteigen oder seine Existenz als solcher zu behaupten, ist ja noch in Ordnung. Einen Chinesen zum Tortenessen einladen natürlich auch. Aber muss es wirklich sein, dass die sahnige »Königin der Torten« danach mit Stäbchen gegessen wird? Das kann nur in ein alptraumhaftes Gemetzel ausarten! Bedanke dich für diese Aufgabe aber nicht bei mir, sondern bei denjenigen, die sie mir vorgeschlagen haben. Also Augen zu und durch. Und später beim Tortenessen am besten Kamera an. Denn Video-Reportagen von kulinarischen Entdeckungsreisen sind in China angesagt wie nie. Zwei Millionen Klicks hat zum Beispiel der Internet-Kurzfilm der jungen Foodblogger Summer Sun und Jason Lin über ihre Tour zu Schnitzel, Münsterwurst und – tara – der Schwarzwälder Kirschtorte! Die beiden ehemaligen Radioreporter ließen sich in einer Konditorei im Schwarzwald zeigen, wie man das sahnige Wahrzeichen der Region zubereitet. Denn angeblich stammt die Torte ja von hier. Aber: Vieles deutet auf Bad Godesberg als Entstehungsort hin. Dort soll sie 1915 im Café Agner erfunden worden sein, das heute aber nicht mehr existiert. Doch auch in Tübingen fordert man die Urheberrechte auf die kirschwassergetränkte Kalorienbombe ein. In historischen Dokumenten tauchen nämlich in Verbindung mit der Torte die Namen »Erwin Hildenbrand«, ein Tübinger »Café Walz« und die Jahreszahl 1930 auf. Eine Schwarzwälder Kirschtorte aus der Universitätsstadt am Neckar? Kann das stimmen? Es kann, denn Tübingen gehörte von 1818 bis 1924 noch zum Schwarzwaldkreis. Aber wen interessiert das beim Backen? Schwarzwälder Kirschtorte ist Schwarzwälder Kirschtorte, solange sie folgende Zutaten enthält: »Als Füllung dienen Buttercreme und/oder Sahne, teilweise Canache sowie

HOW TO USE CHOPSTICKS

1 Hold your dominant hand as though you are going to shake hands with someone.

2 Put the first chopstick under your thumb, resting it on the palm.

3 Hold the second stick between your thumb and forefinger.

4 Bend your ring finger and little finger, and tuck the ring finger under the lower chopstick.

5 Put your middle finger under the top stick.

6 Move the top stick up and down to grip food.

Und so benutzt du Stäbchen.

Summer Sun (links) und Jason Lin aus China beim Backen.

Kakaopulver oder stark entölten Kakao. Für den Unterboden wird auch Mürbeteig verwendet. Die Torte wird mit Buttercreme oder Sahne eingestrichen, mit Schokoladenspänen garniert.« Nachzulesen in den »Leitsätzen des Deutschen Lebensmittelbuches für Feine Backwaren«. Alles klar so weit. Aber wo den Chinesen finden? In Titisee entlassen Reisebusse tagtäglich hunderte Chinesen in den Hochschwarzwald. Stelle dich also an einem der Busparkplätze auf und warte auf den nächsten Schwung aus Fernostasien. Steigen die ersten Chinesen aus, lächle freundlich und spreche

folgendes Wort: »Chisenlindangao«. [hēisēnlíndàngāo], so die Lautschrift, bedeutet auf Chinesisch Schwarzwälder Kirschtorte. Ein Zauberwort, wie du merken wirst. Wenn du dann noch mit den mitgebrachten Stäbchen andeutest, dass du ihn gerne zum Essen einer solchen Torte einladen möchtest, sollte es so gut wie geschafft sein. Jetzt muss dein Gast dir nur noch zeigen, wie das mit den Stäbchen funktioniert ... Puh!

Kirschen, auch als Stücke in gebundener Zubereitung. Der zugesetzte Anteil an Kirschwasser ist geschmacklich deutlich wahrnehmbar. Für die Krume werden dunkle und/oder helle Wiener- oder Biskuitböden verwendet. Die Masse für die dunklen Böden enthält mindestens 3 Prozent

BEWEIS 36

Video vom Tortenessen gedreht am:

. . . .

AUF DEN HEGEL!

37

WEINSELIG DURCH TÜBINGENS STUDENTENKNEIPEN

I n Tübingen, erzählt man, ist der Geist zuhause. Eine Akademikerstadt mit Eliteuniversität. Rund 27 000 Studierende sind dort eingeschrieben und pauken sich ihrem Abschluss entgegen. Zur Belohnung ist da auch mal ein »Absacker« in einer der vielen Tübinger Studentenkneipen drin.

Georg Friedrich Wilhelm Hegel – ein Weintrinker vor dem Herrn.

In den Gassen Tübingens lässt's sich fröhlich feiern. Auch ohne Alkohol.

Schon Georg Friedrich Wilhelm Hegel (1770–1831) soll als Student hier gelegentlich unterwegs gewesen sein, um nach dem Wissensdurst seinen Durst auf Wein zu stillen. Er und seine Studienfreunde saßen angeblich oft im »Boulanger« in der Collegiumsgasse, der damals noch nach seinem Wirt die »Zillerei« hieß. Das zumindest wird bei Stadtführungen immer mal wieder erzählt. Doch der Ruf, Hegels Lieblingskneipe zu sein, wurde der Wirtschaft mit den einfachen Holztischen und dem knarzenden Dielenboden erst 150 Jahre nach seinem Tod angehängt. Trotzdem: Zu schön der Gedanke, dort zu sitzen, wo einst schon ein später berühmter Philosoph ... »Prost, Hegel! Auf dich, du Drei-Liter-Philosoph!« Genau Letzteres nämlich attestierte viele Jahre später ein Arzt dem in Stuttgart geborenen schwäbischen Melancholiker. Hegel liebte Wein und sorgte dafür, dass sein Weinkeller immer ausreichend gefüllt war. Begonnen hat sein Hang zum Alkohol wohl im Tübinger Stift, das noch heute als Kaderschmiede für evangelische Theologen und Gymnasiallehrer in Baden-Württemberg gilt. Genau eine Kanne (rund ein Liter) Wein stand den Studierenden dort täglich zu. Eine »Pflanzschule des Saufgeistes«,

Im Tübinger Stift wurde heftig gepichelt.

wetterten Zeitzeugen darum gerne über das Studierendenhaus, das 1536 von Herzog Ulrich als »feste Burg des Protestantismus« gegründet wurde und das sich selbst lieber als »Pflanzgarten Gottes« sah. Noch heute öffnen die Studierenden – mittlerweile sind es Männer und Frauen – einmal in der Woche den Stiftskeller. Auf Einladung dürfen auch andere an den Abenden teilnehmen, an denen nach aktueller Selbstauskunft »Ernsthaftes und Heiteres« diskutiert wird. Die Tagesration vergorenen Traubensafts steht hier längst keinem mehr zu.

Seine alkoholischen wie nichtalkoholischen Getränke bezahlt jeder selbst. Und Finger weg vom Weinkeller der Stiftsleitung, der ist tabu! Ich als ehemalige Stiftlerin kann dir aber verraten, dass es einmal zu einem Zwischenfall kam, bei dem diese Regel missachtet wurde. Namen nenne ich nicht, die betreffenden »Weinräuber« könnten ja eines Tages berühmt werden. Schon König Wilhelm II. von Württemberg behauptete ja: »Wer im Land etwas werden will, muß im Stift gewesen sein.« Auch den »Storchen« in der Tübinger Ammergasse sollte man besucht haben. Von zahlreichen Studentengenerationen ausgetretene Stufen führen in dem kleinen krummen Haus am Kanal des Neckarnebenflusses in den ersten Stock. Hier befindet sich die Gaststube. Zieh den Kopf ein, wenn du groß bist! Die Decken sind hier sehr niedrig. Vorsicht auch, wenn du die Kneipe wieder verlässt. Schon manch Betrunkener ist von der Holzbrücke, die über die Ammer führt, ins Wasser

gefallen. Aber da du ja vernünftig bist und wissen solltest, wo deine persönliche Promille-Grenze liegt, kann dir so etwas sicher nicht passieren.

BEWEIS 37

Tacker die Rechnung(en) deiner hochgeistigen Tour hier fest.

38

EIN FEST FÜR WASSERRATTEN

IN ULM »NABADA«

Ausnahmezustand in Ulm. Schwörmontag, der höchste Feiertag der Stadt. Doch statt sich in Jackett und Festtagskleid zu werfen, machen sich die Ulmer lieber nackig. So gut wie. Sie quetschen sich in Neopren-Anzüge, Badehosen und Bikinis, kurze Hosen und T-Shirts.

Sie lassen Schlauchboote, Kähne und Fässer zu Wasser und paddeln die träge Donau hinab. Ein einziges Planschen und Kreischen. Wie in einem überfüllten Freibad. Die Stimmung schaukelt sich hoch. Und die Schiffe schaukeln mit.

Am Schwörmontag sieht es auf der Donau aus wie in einem Freibad.

Wer am »Nabada« teilnimmt, sollte nicht wasserscheu sein.

Festen Boden unter den Füßen spüren, das will hier keiner. Nass werden ist Pflicht. Wasserschlachten sowieso. Über sieben Kilometer lang ist die Strecke, die die Wasserratten auf der Ulmer Donau nach unten fahren, also »nabada«. Aus dem schon aus dem Mittelalter stammenden Brauch ist über die Jahre ein karnevalistischer Wasserumzug geworden. Vereine und Gruppen schmücken ihre Wasserfahrzeuge wie Karnevalswagen und rechnen mit der Welt- und Landespolitik ab. Fasnet mitten im Sommer, immer am vorletzten Montag im Juli. Da passt es doch ganz gut, dass Ulms Bürgermeister vor dem großen Baden Rechenschaft über sein abgelaufenes Amtsjahr ablegen muss. Denn auch vor Narrenumzügen in Baden-Württemberg hat diese Form der Beichte Tradition. Mit dem Schwur, sich den Ulmern gegenüber auch im kommenden Jahr »ohne allen Vorbehalt« treu und loyal zu verhalten, gibt der Stadtoberste dann den Startschuss für das wilde (Narren-)Treiben. An dem dürfen nicht nur Ulmer Bürger teilnehmen, sondern auch du! Pack die Badehose ein,

Wasserspiele vor historischer Kulisse.

nimm dein kleines Schwesterlein und dann nischts wie rinn ins Gummiboot. Am Neu-Ulmer Ufer, unterhalb der Eisenbahn-Brücke, geht es los. Statt »Kölle Alaaf« jetzt noch schön laut »Ulmer Spatza, Wasserratza, hoi, hoi, hoi« rufen, und du gehörst so gut wie dazu. Doch sei gewarnt: Drei Stunden wirst du es schon ungefähr auf deinem Boot aushalten müssen. So lange dauert es nämlich, bis sich die zähe Masse des Festumzugs zum Ziel, der Friedrichsau, durchgekämpft hat. Ganz

schön lang, was? Aber es hat ja auch keiner behauptet, dass es leicht sein würde, sich zu einem richtigen Baden-Württemberger zu mausern. Stell dich auf jeden Fall auch darauf ein, mindestens einmal über Bord zu gehen. Die Wassertaufe ist das Ehrenabzeichen für jeden »Nabader«. Und dabei kannst du doch auch gleich mit den »Wasserratza« Bekanntschaft machen – den Tierchen, die es neben dem klugen Spatzen in die Ulmer »Nabada-Hymne« geschafft haben. Wasser- oder Wanderratten sollen das sein. Weil diese Vorstellung wohl aber doch ein wenig eklig ist, interpretieren viele Ulmer in die Wasserratza lieber Biber hinein. Viel niedlicher! Außerdem

fühlt sich der Biber tatsächlich in Ulm ziemlich wohl. Solltest du dich beim Gedanken an ein Bad in der Menschen- und Bibermenge eher unwohl fühlen, dann warte den Schwörmontagabend ab. Dann treiben tausende schwimmende Kerzen den Fluss hinab. Still, leise und gerade deswegen so spektakulär.

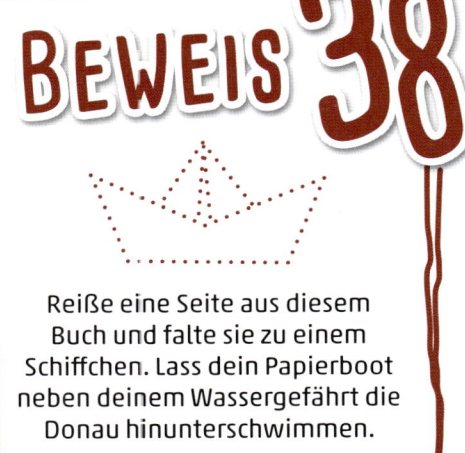

BEWEIS 38

Reiße eine Seite aus diesem Buch und falte sie zu einem Schiffchen. Lass dein Papierboot neben deinem Wassergefährt die Donau hinunterschwimmen.

39

EINER GEGEN DEN REST DER WELT

Einen Cego-Kurs absolvieren und an einem Turnier teilnehmen

Der Schauspieler und Kabarettist Martin Wangler ist Cego-Botschafter.

Gemeinsam mit Studierenden der Fachhochschule Furtwangen brachte er Cego als Live-Spiel ins Internet.

Wir schreiben das Jahr 2015. »Cego«, ein Kartenspiel, erobert den Planeten Erde. Vom Schwarzwald aus tritt der winterliche Zeitvertreib, der wohl ursprünglich von badischen Soldaten aus den napoleonischen Kriegen aus Spanien mitgebracht wurde, seinen Siegeszug an. Als Online-Spiel, aber auch ganz klassisch als Spaß für vier Spieler am Wirtshaustisch. Schuld daran ist Martin Wangler. Der Kabarettist und Schauspieler, der in der Serie »Die Fallers« den Gestütsbesitzer »Bernd Clemens« mimt, ist selbst bekennender Anhänger des skatähnlichen Spiels. Er sorgte dafür, dass Cego, das Pendant zum schwäbischen Binokel, wieder bekannter wird. Wir von »50 mal unterwegs in Baden-Württemberg« sprachen im Schwarzwald mit dem »Cego-Botschafter«.

Herr Wangler, warum und wie engagieren Sie sich dafür, dass Cego mehr verbreitet wird?
Martin Wangler: Das traditionelle badische Kartenspiel Cego ist im Schwarzwald immer mehr in Vergessenheit geraten. Statt zusammenzukommen und in ihren Häusern, auf

den Höfen und in den Gastwirtschaften Cego zu spielen, glotzten die Menschen an den Winterabenden lieber fern oder in den Computer. Jüngere Generationen kannten es zum Beispiel gar nicht mehr. Um diesem Trend Einhalt zu gebieten, habe ich mich mit Freunden zusammengeschlossen und versucht, Cego wieder mehr Aufmerksamkeit zu verschaffen. Um das Spiel bekannter zu machen, habe ich schon Volkshochschulkurse gegeben oder mit Studierenden der Fachhochschule Furtwangen ein Online-Cego-Live-Spiel auf den Weg gebracht. Durch die Internet-Variante können auch Menschen, die nicht im Schwarzwald leben, miteinander Cego spielen.

Wann haben Sie das Spiel für sich entdeckt?

Als Kind habe ich das »kleine Cego« von meiner Oma gelernt, das ist eine einfachere Variante ähnlich dem »Mau-Mau«. Während meiner Hauptschulzeit ging es dann in Sachen Cego hoch her – dieses Mal allerdings in der Erwachsenenversion. Jetzt spiele ich vor allem im Winter zu Hause in der Familie oder mit Freunden.

Was macht Ihnen am Cego besonders viel Spaß?

Cego-Spielen ist Adrenalin pur, es macht einen Riesenspaß, weil die Emotionen extrem hoch gehen. Oft spielt man bis früh in den Morgen. Es ist ein sehr geselliges, lustvolles, lebensfrohes, ursprüngliches und vor allem ein völlig undemokratisches Kartenspiel: Einer gegen alle.

Warum sollte man das Spiel lernen?

Wer sich als Badener schimpfen möchte, für den ist Cego ein Muss. Sowieso gilt: Wenn man Cego einmal begriffen und gespielt hat, wird man von einem Virus erfasst, den man so schnell nicht mehr loswird.

Dann wünsche ich Ihnen auch weiterhin »a guats Blatt«, also ein erfolgreiches Spiel. Das gilt natürlich auch für alle Zuhörer, die demnächst an einem Turnier teilnehmen!

Das war »50 mal unterwegs in Baden-Württemberg« live aus dem Schwarzwald.

BEWEIS 39

. . . .

. . . .

. . . .

. . . .

. . . .

. . . .

Schreibe auf, welche Begriffe du während deines ersten Cego-Spiels gehört hast (zum Beispiel »Fort Soli« oder »Schuffle«). Notiere hier ihre Bedeutung. Auf www.cego-online.de kannst du spickeln.

40

DAS TEMPERAMENT ZÄHLT

BEI EINER WEINLESE IN DER BADEN-WÜRTTEMBERGISCHEN TOSKANA MITHELFEN

Was für einen Hüftschwung dieser Mann doch hat! Immer wenn ich im Herbst an den Weinbergen vorbei durchs Kraichgau in Richtung Stromberg fahre, erinnere ich mich an eine Filmszene, in der der italienische Schauspieler Adriano Celentano als Winzer Elia

139

Zwischen Bruchsal und
Bietigheim-Bissingen wachsen
dank Toskana-Klima die
Weintrauben besonders gut.

in einem Holzzuber Maische stampft. Tanzend und umrundet von allen, die ihm vorher bei der Weinernte geholfen haben. Zwar habe ich hier in der Gegend zwischen Baden und Bietigheim-Bissingen noch keinen Weinbauern so seinen Wein keltern sehen, aber ausgelassen und italienisch ist die Stimmung beim »Herbsten« allemal. Sonnenschein, mildes Klima – das »Land der tausend Hügel« wird nicht umsonst gerne die Toskana des Südwestens genannt. Ein paar Mönche aus dem Elsass erkannten bereits im 7. Jahrhundert, dass an den Reben in dieser Gegend wunderbare Trauben wachsen. Ideal für Rotweine und Weißweine mit südlichem Charakter. Ein Leichtes also für die alle zwei Jahre neu gewählte badische Weinkönigin, den bekannten Slogan »Badischer Wein, von der

Sonne verwöhnt!« über die fruchtbaren Weinstöcke hinweg zu rufen. Von wegen! Denn durch die Toskana des Südwestens verläuft eine Geschmacksgrenze. Die westliche Hälfte des Gebiets Kraichgau-Stromberg gehört zwar zur Weinbauregion Baden, im Osten aber liegt das Revier der württembergischen Weinkönigin. Als Markenbotschafterin mussten dort die Auserwählten jahrelang Weinflaschen der »Württembergischen Weingärtner-Zentralgenossenschaft« anpreisen, die das Konterfei eines »Viertelesschlotzers« mit Halbglatze zierten. Hinter vorgehaltener Hand machte so manch einer aus deren Werbespruch »Kenner trinken Württemberger« ein »Penner trinken Württemberger«. Klingt wenig schmeichelhaft. Und diskriminiert außerdem diejenigen, die auf der Schattenseite leben. Geht also gar nicht! Dass Württemberger Wein ein Schattengewächs ist, das behaupten allerdings auch Weinliebhaber, die bis heute daran festhalten, dass der Tropfen aus dem Schwäbischen sauer und gerade gut genug für Kopfschmerzen ist. Dabei stehen in Gundelsheim und Böttingen, wo die Grenze verläuft, badische und württembergische Reben dicht an dicht. Auf demselben Boden und unter derselben

Ist's badischer oder württembergischer Wein?
Das kann dir nur eine Landkarte sagen.

BEWEIS 40

Mit der Rebschere eine Ecke aus diesem Buch schneiden und das Datum der Weinlese eintragen.

Sonne. Es ist also egal, ob du nun auf badischer oder württembergischer Seite die Rebschere in die Hand nimmst, »wurscht«, ob du in Sulzfeld, in Hohenhaslach, in Nordheim oder Zaberfeld beim Herbsten hilfst. Hauptsache, später tanzt irgendein Winzer (oder irgendeine Winzerin) mit südlichem Temperament und einem Wahnsinnshüftschwung durch den Bottich mit den zerdrückten Weintrauben!

Hauptsache ist doch, der Wein schmeckt!

JETZT WIRD'S ENG

Mit einem Speläologen in eine der Höhlen auf der Schwäbischen Alb steigen

41

Die Entdeckung der Unterwelt war noch nie so mein Ding. Ich erinnere mich noch gut daran, wie wir mit einer Jugendgruppe eines Tages zu einem Ausflug in die »Geisterhöhle« bei Rechtenstein auf der Schwäbischen Alb aufbrachen, eine von 2800 bekannten Höhlen des Mittelgebirges. Durch die Höhle am felsigen Donauufer sollte uns ein Höhlenforscher, ein Speläologe, führen. Schon während der Bus-fahrt erzählten uns die engagierten Gruppenleiter, wie aufregend es werden würde. Wahrscheinlich, um uns für das anstehende Abenteuer zu begeistern. Blöd nur, dass die wenigsten von uns sich von der Be-geisterung anstecken ließen. Meinen besten Freund Sascha überkam das Gruseln, als er hörte, dass es bis zu zwanzig Meter in die dunkle Höhle hineingehen sollte. Bettina wollte bei der Aussicht auf das womöglich nasse Höhlenloch sofort wieder um-drehen und Pino hatte sowieso keine Lust auf Abenteuer. Ich weigerte mich

Skelett
eines Höhlenbären.
Links: Die Geisterhöhle
bei Rechtenstein an der Donau.

total und hielt Vorträge darüber, dass es immer wieder vorkommen würde, dass jemand in so einem engen Höh-lengang steckenbleibt. Angekommen in der Höhle am Donauufer, gab der Höhlenforscher in den Tunneln im Kalkgestein sein Bestes. Er zeigte uns, wo Knochen von Rentieren und Höhlenbären gefunden worden waren, schwärmte von Spuren der

Römerzeit und von seiner Arbeit allgemein. Wir aber waren damals einfach nur ein übelgelaunter, puber-tierender Haufen und hatten keine Scheu, das zu verbergen. Und heute? Heute ruft Sascha bei mir an, weil er als Hobby-Höhlenforscher mit mir demnächst »unbedingt mal wieder« durch einen dieser unterirdischen Gänge auf der Schwäbischen Alb

Bei den Bauarbeiten zur Neubaustrecke Ulm-Wendlingen könnten einige Höhlen zerstört werden.

kriechen möchte. »So wie damals, weißt du noch?«, sagt er. Am besten wäre es, schlägt er mir vor, wir robbten durch die Röhren einer noch unentdeckten Höhle. Solange das noch ginge. Sascha befürchtet nämlich, dass ein Teil dieser unterirdischen Kammern den Bauarbeiten rund um die Neubaustrecke der Bahn zwischen Ulm und Wendlingen zum Opfer fallen könnte. Aha. Ja, ich weiß schon: Über die Schwäbische Alb sollen irgendwann schnelle Züge flitzen.

Dafür, erklärt mir Sascha, gräbt sich die Bahn durch das Gebirge und hofft, nicht irgendwo einzubrechen. So ein Hohlraum im Gestein könnte die Bauarbeiten verzögern. Extrem schlecht fürs sowieso schon überstrapazierte Budget der Bahn, die auf ihrem Weg darum auch schon mal eine Höhle zuschütten lässt. Und zwar bevor irgendwelche Forscher unten waren, um mögliche Fundstücke zu sichern. »Wie bitte? Wo gibt's denn so etwas?«, ereifere ich mich. »In unsrem Wahnsinns-Ländle, wo denn sonst?!«, schallt mir Saschas Stimme aus dem Handy entgegen. Anders als in der Pubertät bin ich dieses Mal natürlich sofort dabei. Allein schon, um mögliche Kulturgüter zu retten. Eine Bedingung habe ich aber trotzdem: Weil ich Saschas Höhlenforscherkünsten und vor allem meinem Hüftspeck nicht so recht vertraue, bestehe ich darauf, dass ein echter Speläologe einem der über zwanzig Höhlenvereine der Alb uns führt. Sonst könnte es womöglich doch noch eng werden.

BEWEIS 41

Skizziere eine Karte von deiner Höhlenbegehung.

No Ned Hudla

42

Kinder, wie die Zeit vergeht!

Mit der Überlandstadtbahn von Öhringen nach Achern oder Freudenstadt im Schwarzwald zuckeln

Bitte einsteigen – und entspannen!

Man sagt den Schwaben in Baden-Württemberg doch gerne mal nach, eher von der langsamen Truppe zu sein. Sie sind entspannt, würde man das wohl positiv ausdrücken. Kein Wunder also gehören Ausdrücke wie »No net hudla« (also »nur nicht zu schnell machen«) und »Joh, glei« (also »Ja, gleich«) genauso wie »wenn i könnt, wie i wedd, no däd i« (also »ich würd ja, wenn ich könnt«) zum festen Vokabular eines jeden Schwaben. Für Stress hat der Schwabe keine Zeit. Warum dann allerdings die angeblich »längste Stadtbahnlinie der Welt«, die in rund drei Stunden von Öhringen nordöstlich

von Heilbronn bis in den Schwarzwald zuckelt, vom eindeutig im Badischen sitzenden »Karlsruher Verkehrsverbund« betrieben wird, wirft Fragen auf. Sollte die Überland-Bummelbahn womöglich und vielleicht sogar tatsächlich eine eigentlich ganz badische Eigenart widerspiegeln? Sind die Badener gar nicht so spritzig, wie man denkt? Oder ist die Stadtbahn am Ende ein Symbol für das einende Band zwischen Badenern und Württembergern, für die Gemütlichkeit? Schließlich verbindet die Tram die schwäbische Hohenloher Landschaft mit der des badischen Murgtals und des Schwarzwalds. Erfahren wirst du das nur, wenn du einen Gang zurückschaltest – und mitfährst. In Karlsruhe, dem Nabel Badens, musst du dich allerdings entscheiden. Geht es weiter Richtung Rheinebene nach Achern (Gesamtstrecke Öhringen–Achern 153 Kilometer), kannst du ohne Umsteigen weiterfahren. Fahrtzeit etwa drei Stunden. Willst du die mit über 200 Kilometer Länge noch umfangreichere Strecke von Öhringen über das Murgtal nach Eutingen im Gäu fahren, musst du umsteigen. Und während die Land-schaft am Fenster vorüberfliegt, beginnst du mit deinen Studien: Wer deiner Mit-Passagiere könnte Schwabe, wer Badener sein? Wirkt beispielsweise dein Nebenmann hektisch und kann er die Fahrt offenbar nicht genießen? Wahrscheinlich handelt es sich dann um einen lebensfrohen Badener, der einfach nicht stillsitzen kann. Es könnte aber auch eine Frohnatur aus Köln sein, die in Baden-Württemberg Urlaub macht. Oder ein Schwabe, der merkt, dass er in der falschen Tram sitzt. Die Frau dir gegen-über, ja, die, die so sanft vor sich hin-lächelt: Sie ist aber ganz bestimmt eine entspannte Schwäbin. Oder vielleicht doch eher eine Türkin auf dem Weg zum Yogakurs im Schwarzwald? Unsicher? Dann erinnere dich einfach daran, was du bisher über Badener und Schwaben gehört und gelesen hast. Du weißt es nicht mehr? Dann arbeite dieses Buch noch einmal durch! Aber flott.

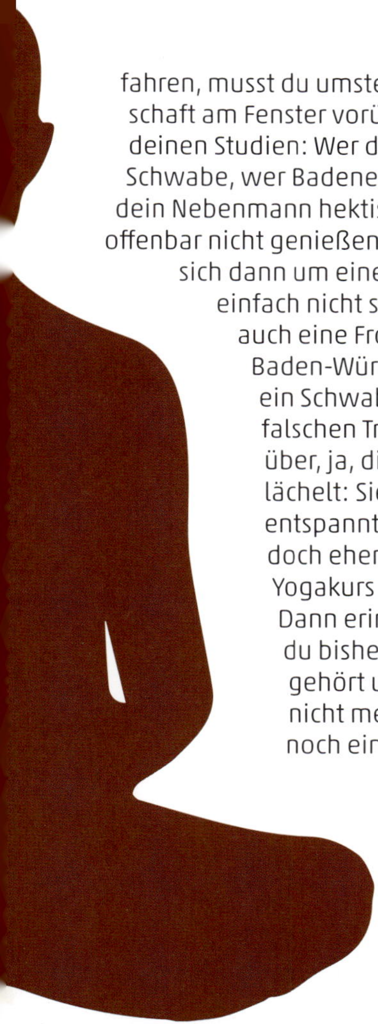

BEWEIS 42

Führe eine Strichliste,
wie viele Badener und wie viele Schwaben
vermutlich mit dir in der Stadtbahn sitzen.

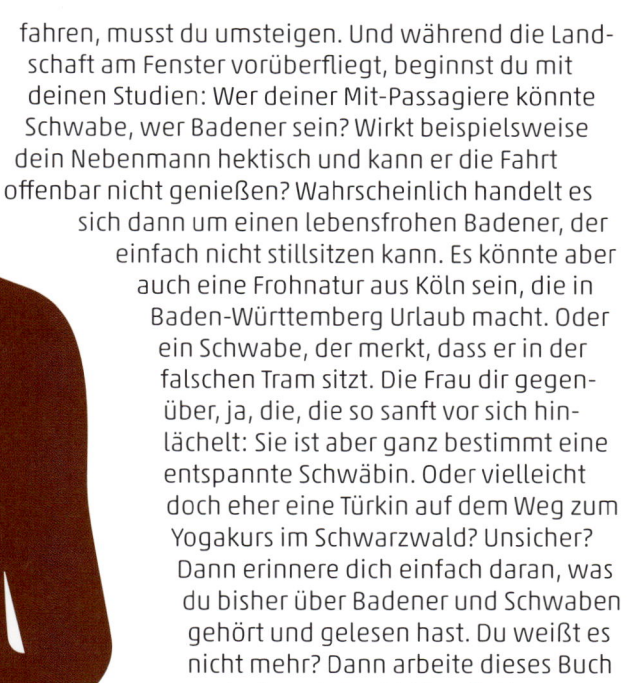

43

Willkommen in Deutschlands letztem Urwald, dem Taubergießen.

ICH BIN KEIN STAR, LASST MICH HIER DRIN

ALS NATURZEICHNER MIT DEM KAHN UNTERWEGS IM TAUBERGIEßEN

Hier lebt zum Beispiel der seltene Eisvogel.

Wusstest du, dass ...

... unweit des »Europaparks« in Rust im »Taubergießen« in der Offenburger Rheinebene Deutschlands letzter Urwald liegt?

... der Taubergießen mit 1697 Hektar eines der größten Natur- und Landschafts-schutzgebiete in Baden-Württemberg ist? Das Schutzgebiet ist ungefähr zwölf Kilometer lang und dehnt sich an seiner breitesten Stelle auf 2,5 Kilometer aus.

Nicht bewegen – dann banne ich dich auf Papier!

Wusstest du, dass ...

... du auf vielen Wasserläufen dieses baden-württembergischen Dschungelcamps mit dem Kanu entlangpaddeln darfst?

... der Urwald in den Auen am mittleren Oberrhein eine enorme Artenvielfalt aufweist? Insekten wie Libellen, Käfer und Schmetterlinge tummeln sich dort. Selbst seltene Orchideen gedeihen hier.

... auch der seltene Eisvogel in den Auen des Altrheinarms beheimatet ist?

... Forscher schon im 18. Jahrhundert damit begannen, die Vielfalt von Flora und Fauna am »oberrheinischen Amazonas« zu dokumentieren und zu sammeln?

... die Landschaft rechts und links des Rheinufers bereits im 19. Jahrhundert Maler und Dichter begeisterte?

... du bei deiner Tour unbedingt Stifte, Kreiden und Papier oder Leinwand dabeihaben solltest, um deine Eindrücke als Landschaftsmaler festzuhalten?

... du gemeinsam mit anderen kunstbegeisterten Naturfreunden die Bewegung »Nature Sketchers« gründen könntest?

... ihr damit das Pendant zur Gemeinschaft der »Urban Sketchers« wärt, die mittlerweile weltweit aktiv ist? Statt Landschaften zeichnen diese Künstler das Leben in Städten und Dörfern.

... du am Ende deiner Tour wahrscheinlich gar nicht mehr aus dem Kanu aussteigen möchtest?

BEWEIS 43

Male auf dieser Seite das auf, was dich am meisten beeindruckt hat.

44

ES IST GENUG FÜR ALLE DA

In einer oberschwäbischen Barockkirche Seelen verschenken

Bischof Franz-Peter Tebartz-van Elst ist nicht gerade das, was man als Aushängeschild für die römisch-katholische Kirche bezeichnen könnte. Der Geistliche hatte für Schlagzeilen gesorgt, weil er seinen Bischofsitz in Limburg aufwendig renovieren ließ und dabei statt der ursprünglich geplanten fünf Millionen Euro mindestens 31 Millionen Euro verprasste. Hätte Martin Luther, Deutschlands großer Reformator, das noch mitbekommen, er hätte wahrscheinlich noch einmal seine am 31. Oktober 1517 bereits veröffentlichen 95 Thesen an das Tor der Schlosskirche in Wittenberg geschlagen. Zum Beispiel diese hier: »Lug und Trug predigen diejenigen, die sagen, die Seele erhebe sich aus dem Fegfeuer, sobald die Münze klingelnd in den Kasten fällt.« Oder die: »Warum baut der Papst, der heute reicher ist als der reichste Crassus, nicht wenigstens die eine Kirche St. Peter lieber von seinem eigenen Geld als dem der armen Gläubigen?« Das saß schon damals. Die katholische Kirche reagierte auf Luthers Reform-Vorschläge damit, Fehler einzugestehen. Gleichzeitig aber begann sie, dem »Rebellen« Paroli zu bieten: mit einer »Gegenreformation«. Die Angst, Gläubige an Luther und seine Ideen von Kirche und Glaube zu verlieren, war einfach zu groß. Dabei hatte Luther eine Spaltung der Kirche zunächst gar nicht beabsichtigt! Ein Zentrum des etwas seltsam wirkenden katholischen Kampfes um die Seelen der Gläubigen in Deutschland war Oberschwaben. »Mehr Präsenz zeigen«, lautete dort die eine Devise. »Bunter und prächtiger werden als die protestantische Kirche«, die andere. Katholische Kirchen sollten den Himmel auf die Erde holen, goldene Engel, Fresken und opulente Gemälde die Tempel des katholischen Glaubens schmücken

Die großen oberschwäbischen Barockkirchen, hier Ochsenhausen, entstanden im Zuge der Gegenreformation.

Ein Teufel und ein Engel streiten sich um die Seele dieses verstorbenen Heiligen.

und das Gefühl der Gläubigen ansprechen. Im Kloster Obermarchtal begann man mit den aufwendigen Renovierungsarbeiten. Der »Barock« in Oberschwaben war geboren. Bis ins 18. Jahrhundert hinein versuchte man so die Gläubigen zu fesseln. Doch Pomp und Gloria wirkten damals nicht unbedingt auf jeden anziehend. Ist heute ja auch nicht anders, denkt man an Tebartz-van Elst. Was soll man dazu also noch groß sagen? Nichts. Das ist das Beste. Lass Taten folgen! Geh du mit gutem Beispiel voran. Stell dich vor eine der oberschwäbischen Barockkirchen. Statt Seelen zu fangen, wirst du Seelen verschenken, »schwäbische Seelen«! Das knusprige, baguetteartige Weißbrot wurde schon in vorchristlicher Zeit an der Wende vom Herbst zum Winter als Speiseopfer auf die Gräber der Verstorbenen gelegt oder Armen gespendet. Auch Kinder wurden damit beschert. Später setzte sich in Oberschwaben durch, diesem Brauch am katholischen Feiertag

»Allerseelen« am 2. November nachzugehen. Für die fromme Tat gibt's bis heute – wer hätte das gedacht? – von der katholischen Kirche ein paar Sünden erlassen. Du aber verschenkst deine Seelen natürlich ohne jeden Hintergedanken. Einfach so. Es ist ja genug für alle da.

BEWEIS 44

Am ....

habe ich ...... Seelen verschenkt.

45

NUR STILL!

SCHWEIGEND UM DEN MUMMELSEE SPAZIEREN

Schschsch! Geh langsam, sonst klackert der Schotter unter deinen Schuhen so laut, dass du die Nixen aufweckst. Ganz unten im »Mummelsee« sollen sie leben und nur in Vollmondnächten an Land kommen, um zu tanzen und zu singen und um denen zu helfen, die in Not geraten sind. Ansonsten aber brauchen sie ihren Schlaf.

Das erzählen die Menschen, die hier im nördlichen Schwarzwald leben, von ihrem »Wundersee«, den schon die Römer kannten. Leichtgläubige Hinterwäldler, meinst du? Dann warte nur ab, bis der See seinen Zauber auch um dich legt wie einen Mantel! Am besten gelingt das an einem Wochentag außerhalb der Ferien. Keine Reisegruppen, kein Lärm. Still und tiefschwarz liegt er dann da, dieser angeblich magische Weiher, auf gut tausend Meter in einsamer Höhe. Ein Spiegel ist er für Tannen und den Berg an der Schwarzwaldhochstraße, den fast jeder besteigt, der hierherkommt: die Hornisgrinde. In der Würmeiszeit haben Gletscher das Becken für den See geformt, in dem keine Fische schwimmen. Nicht, weil der Zauberweiher sie wieder ausspuckt, wie der Jesuit Athanasius

Bewacht von ihrem Vater, dem Nixenkönig, leben die Undinen im Mummelsee.

Sagenumwoben: der Mummelsee.

Ist er's oder ist er's nicht, der Nixenkönig?

Beweisfoto

Lass dich mit einem anderen Spaziergänger als »Mummelsee-könig mit Nixe« fotografieren.

Kircher im Jahr 1678 schrieb. Sondern weil er zu sauer ist. Das mögen Fische nicht. Die Wassernymphen aber schon. Sie leben mit ihrem Vater, einem Nixenkönig, der sie streng bewacht, am Grunde des Wassers. Wenn du die Geister des Sees, die »Mümmlein« bei deinem stillen Spaziergang am Ufer entlangschweben siehst, dann haben die Undinen vielleicht gerade frei und sind auf der Suche nach einem neuen Geliebten, den sie mit zu sich ins Wasser ziehen können. Oder einer der Angestellten des Hotels am Mummelsee, der mit einem Dreizack und falschem Schilf kostümiert für ein paar Wochentags-Touristen wie dich in die Kamera lächelt, legt eine Extraschicht ein. Dann sei unvernünftig. Spiel sein Spiel mit. So wie tausend andere vor dir auch. Nur pssst, verrat es niemandem. Damit der Zauber des Sees bleibt. Selbst wenn der womöglich nur ein raffinierter Trick ist, um Touristen anzulocken.

46

GEDULD BRINGT KUTTELN

SICH BEIM »KALTEN MARKT«
IN ELLWANGEN
DEN ALLERWERTESTEN ABFRIEREN

Pferde, »Rossbolla« und Eiszapfen an der Nase: die Zutaten für einen ordentlichen »Kalten Markt«.

Der echte Baden-Württemberger liebt Umzüge und Feste. Immer nur »schaffa, spara, Häusle baue« (»arbeiten, sparen, ein Haus bauen«) – das kann auf Dauer ja nicht gesund sein! Und darum läuft er bei Fasnets- und Trachtenumzügen, bei Fronleichnams- und Erntedankprozessionen mit oder steht sich als Zuschauer am Straßenrand die Beine in den Bauch. Er feiert, bis sich die Balken biegen, und, oh weh, manchmal sogar, bis der Arzt kommt. Ob du ein richtiger Baden-Württemberger bist, das zeigt sich aber erst auf dem »Kalten Markt« im ostwürttembergischen Ellwangen. Jedes Jahr im Januar wird dort an vier Tagen – vom Sonntag nach dem Feiertag »Heilige Drei Könige« bis Mittwoch – ein Pferdemarkt abgehalten. Samt Gottesdienst für Ross und Reiter, einem Wettbewerb fürs schönste Pferd und das wendigste Gespann, einem einstündigen Reiterumzug, einem Krämermarkt und der »Bauernkundgebung«, einer

Versammlung von Landwirten aus der Region. Echte Ellwanger freuen sich darüber, wenn das Wetter am Kalten Markt – dem ältesten Pferdemarkt Süddeutschlands – so richtig mitmacht, es also ordentlich eisig ist. Wer sich hier über Stunden oder gar Tage den Allerwertesten abfriert, um Pferde zu bestaunen, erntet ein anerkennendes Schulterklopfen. Schließlich haben diese Vierbeiner Ellwangen zu dem gemacht, was es heute ist: eine »Pferdestadt«. Der Traum aller Leser und Leserinnen von Reiterromanen, für »Fury«- und »Black Beauty«-Fans! Wie es dazu kam? Zwei adelige Brüder mit den lustigen Namen »Hariolf« und »Erlolf« gründeten im Jahr 764 im Virngrundwald ein Kloster. Und brachten – mal was anderes – die Reliquien von drei kappadokischen Pferdezüchtern mit. Die pferdenärrischen Drillinge Speusippus, Eleusippus und Meleusippus wurden als Heilige verehrt, weil sie als Christen unter dem römischen Kaiser Marc Aurel verfolgt und getötet wurden. Am Namenstag der Heiligen, einem immer recht kalten 17. Januar, kamen Pferdebesitzer aus dem ganzen Land nach Ellwangen, um nach dem Gottesdienst ihre Pferde segnen zu lassen. Daraus hat sich allmählich der Kalte Markt entwickelt. Und auch andere Pferdefeste ließen in Ellwangen nicht lange auf sich warten. Ach ja, geduldig warten! Auch das muss man auf dem Kalten Markt neben dem Frieren können. Zwar nicht »Warten auf Godot« wie Wladimir und Estragon in Samuel Becketts Theaterstück. Aber immerhin auf den Glühwein oder auf die Kutteln (geschnittene Schafs- oder Rinderpansen), die an diesem Tag in den Gasthäusern serviert werden. Soll ja keiner behaupten, »'s Läba sei en Ponyhof«.

Hinterher gibt es Kutteln zum Aufwärmen.

Bringe eine »Reliquie« vom Kalten Markt mit, die etwas mit Pferden zu tun hat.

47

ES HAT GEFUNKT

IM SÜDSCHWARZWALD SCHEIBEN SCHLAGEN

Langsam legen sich Nacht und Frost über Bernau im Schwarzwald. Trotzdem ist fast die ganze Gemeinde unterwegs. Dick eingepackt mit drei Lagen aus Unterwäsche, Pullover und Mantel stehen Männer, Frauen, Kinder und Jugendliche um ein großes knisterndes Lagerfeuer und halten lange Haselnussruten in die Glut. An deren Ende stecken keine Würste und auch keine Tofu-Steaks, sondern viereckige Holzscheiben. So feiert man den Frühlingsanfang auf Alemannisch! Wo andernorts die Osterfeuer brennen, lodern an fast allen Hängen der Ortsteile Bernaus die ganze Fasnetswoche lang die »Scheibenfeuer«. Außer am

Viel schöner als Silvesterfeuerwerk sind die Leuchtspuren, die die glühenden Scheiben an den Himmel malen.

In großen Feuern werden die Scheiben zum Glühen gebracht.

Aschermittwoch. Das Scheibenschlagen, der Höhepunkt jedes feurigen Abends zwischen dem 3. und 10. Februar, beginnt in der Abenddämmerung. Wenn die fast zwei Zentimeter dicken Buchenholzstücke glühen, werden sie an den Ruten im Kreis durch die Luft geschleudert und dann über eine Rampe ins Tal geschlagen.

Jeder Holzplatte rufen die Scheibenschwinger einen Frühlingswunsch für sich, Freunde, die Familie oder Nachbarn hinterher. Wie Golfspielen mit Poesie. Als orangerote Linie zeichnen sich die Bahnen der Holzscheiben am Nachthimmel ab. Als glühende Flugobjekte mit Kometenschweif. Wenn's

Das Scheiben-schlagen hat eine lange Tradition. Auch in Kunstwerken wurde der Brauch verewigt.

klappt. Denn gerade bei Anfängern stürzen die zehn mal zehn Zentimeter großen Scheiben gerne einmal ab. Plopp, die leuchtende Himmelsmalerei erlischt wie der Po eines Glühwurmmännchens, das plötzlich nicht mehr die Lust und Kraft hat, ein Glühwurmweibchen zu beeindrucken. Ein wenig peinlich ist das schon. Aber man sollte nicht zu viel darauf geben. Einfach üben, weiterfeuern. Irgendwann funkt's dann schon richtig. Der Abschlag muss stimmen. Dein Frühlings-wunsch aber auch.

BEWEIS 47

Reiße eine Seite aus diesem Buch, zerknülle sie und übe mit der Papierkugel und einem Golfschläger für dein erstes Scheibenfeuer.

ALLES IM FLUSS

48

DIE DONAU- UND NECKARQUELLE AN EINEM TAG BESUCHEN

Wann lief bei dir zum letzten Mal alles so richtig glatt? Wann ging dir deine Arbeit so gut und wie von selbst von der Hand? Lange her? Dann ist für heute Entspannung angesagt. Damit alles wieder in Fluss kommt. »Panta rhei« (πάντα ῥεῖ), alles fließt, das ist die Formel der absoluten Entspannung, die schon Griechen wie Heraklit (ungefähr 520–460 vor Christus) und Platon (ungefähr 427–347 vor Christus) ihren Mitmenschen gepredigt haben. Quellen und ihr Wasser galten schon bei den Griechen als heilig. Die Römer verehrten die Flussursprünge sogar als Zeichen

Bescheiden zeugt ein Stein von der Donauquelle bei Furtwangen. Pompöser geht es an der Neckarquelle zu, deren Ursprung mal im Schwenninger Moos, mal an der Rietenquelle lag.

der Fruchtbarkeit. Kein Wunder also machte sich im Jahr 15 vor Christus der römische Feldherr Tiberius auf den Weg, um nach der Quelle der Donau zu suchen. Die liegt wie der Neckarursprung im heutigen Schwarzwald-Baar-Kreis. Was den Römern die Donau, war den württembergischen Königen und Herzögen der Neckar, der im heutigen Villingen-Schwenningen entspringt. Um einen Schluck aus der Quelle des Neckars zu trinken, nahmen sie lange

Reisen auf sich. Wo das Wasser aus dem Boden sprudelt, speist Mutter Erde ihre Kinder mit Lebenskraft und Weisheit. So der weit verbreitete Glaube. Mit zwei Quellen, das kann man doch mal ganz frech behaupten, hat Baden-Württemberg also die Weisheit quasi gepachtet. Die Bewohner dieses gesegneten Landes sitzen also tatsächlich und nicht nur sprichwörtlich an der Quelle. Allerdings: Ganz so heilig sind den Baden-Württembergern die

sprudelnden Ursprünge ihrer zwei Lebensadern Neckar und Donau dann doch nicht. 1825 versiegte die einst von Herzog Eberhard Ludwig und von König Wilhelm I. besuchte Neckarquelle im Schwenninger Moos, weil man dort Torf abbaute, um die Salinen in der Gegend damit zu befeuern. Kurzerhand versetzte man den Ursprung des Neckars an die nahegelegene Rietenquelle, die mir nichts, dir nichts zur neuen Neckarquelle wurde. Als auch diese

Quelle versiegte – dieses Mal, weil sie dem Bau der Eisenbahn im Jahr 1886 weichen musste –, verlegte man den Neckarursprung zurück ins Schwenninger Moos. Dort entspringt der Neckar heute wieder offiziell und fließt von hier aus 367 Kilometer fast nur durch Baden-Württemberg. Fils, Rems, Enz, Kocher und Jagst gesellen sich auf seinem Weg abwärts hinzu. Ein fast immer friedliches Schauspiel. Weniger friedlich und entspannt geht es dagegen zwischen den

Donaueschingern und den Furtwangern zu. Beide Städte behaupten, im Besitz der wahren Donauquelle zu sein. Eine davon liegt neben dem Donaueschinger Schloss und ist für die Stadt das, was der Eiffelturm für Paris bedeutet. Hier entsprang, und das ist bezeugt, 1292 der »Donaubach«, in die der Fluss »Brigach« mündete, kurz bevor er sich mit der »Breg« vereinte. Diese beiden Flüsse aber entspringen weiter oben im Schwarzwald bei Furtwangen, das natürlich auch ein Stück vom Tourismusglück abfischen möchte.
Lass dich durch solche Streitereien aber nicht aus dem Gleichgewicht bringen. Besuche einfach alle angeblichen Quellen von Donau und Neckar und erlebe vor Ort, was Heraklit mit seiner Lehre von der Einheit aller Dinge gemeint haben könnte: »Verbindungen: Ganzes und Nichtganzes, Zusammengehendes und Auseinanderstrebendes, Einklang und Missklang und aus Allem Eins und aus Einem Alles.«

BEWEIS 48

Schreibe ab, was auf den Gedenktafeln am Neckarursprung im Schwenninger Moos, an der Donauquelle in Furtwangen und an der Donauquelle am Schloss Donaueschingen steht.

Die Welt zu Füßen

Den Mittelweg von Pforzheim bis Waldshut wandern

Hinauf und hinunter. Immer dem Wegzeichen der rot-weißen Raute nach durch das Enz- und Nagoldtal. Raus aus der grauen Goldstadt Pforzheim. Rein in die Natur. Zwischen 20 und 30 Kilometer am Tag wandere ich. Neun Etappen, neun Tage. Morgens loslaufen und abends ankommen. Stille Aufregung. Auf dem Mittelweg, zu Fuß durch den Schwarzwald, erlebe ich sie.

Was kostet die Welt? Hier nur ein paar Blasen an den Fersen und abends in der Wirtschaft, die mal »Adler«, mal »Lamm«, mal »Linde« heißt, sieben Euro für ein Glas Radler

49

Los geht's, mitten durch die herrliche Natur.

mit Brotzeit. Schweizer Wurstsalat, obwohl das Nachbarland noch viele Kilometer entfernt ist. Die Witze serviert der Stammtisch mir gratis, der Gesangsverein aus dem Nebenraum begleitet die mageren Pointen mit kräftigen Stimmen. Am dritten Tag komme ich am »Busse-mer Gedenkstein« vorbei. Er liegt ein wenig versteckt hinter einem großen Rhododendronbusch und erinnert an Philipp Bussemer, einen der beiden Gründer des ersten Fernwanderwegs in Deutschland, dem Westweg. Auf der »Badener Höhe« wirft sich mir die Welt zu Füßen. Gutes Wetter, ich kann bis über die Rheinebene hinweg zu den Vogesen und im Norden den Gebirgszug der Haardt am Ostrand des Pfälzerwaldes sehen. In der »Kalten Herberge« in Vöhrenbach hinter dem »Furtwängler Hof« wartet ein warmes Bett und vorher eine beruhigende Gute-Nacht-Geschichte auf mich, erzählt von den Wirtsleuten. Auch wenn manche es behaupten: auf ihrer Ofer bank ist noch niemand

Vorbei an Hinterwälder-Rindern und Schwarzwaldhöfen.

erfroren. Stattdessen sollen die Bauern aus der Nachbarschaft in unruhigen Zeiten ihre Vorräte im Kellergewölbe versteckt, sie »verkaltet« haben.

Kalt wird es in den kommenden Tagen nur dann, wenn die Tannen ihre Schatten über die Wege werfen. Vor Waldshut wird das Klima besser, meine Schritte schneller. Das Ziel ist nahe. Bei so viel Schwung können es auch noch ein paar Kilometer mehr sein. Auf einer Wiese begegnet mir ein Lama. Die Besitzerin führt es an der Leine spazieren. Vorbei an Schwarzwaldkühen. Tradition trifft Moderne. Und jetzt bist du dran. Lauf! Das Wandern ist schließlich des Baden-Württembergers Lust.

BEWEIS 49

Trage dich auf der sechsten Etappe in das Gästebuch der kleinen Schutzhütte am »Farrenkopf« ein.

EISKALT ERWISCHT

AN SILVESTER IM BODENSEE BADEN

Dezember, Silvesterschwimmen am Bodensee besser mit Neoprenanzug, am Konstanzer Ufer vorsichtig die Zehen ins Wasser tauchen und zurückschrecken, brrr, eisig, trotz monatelangem Üben, Gänsehaut, Zittern, Zähneklappern schon jetzt ...

Mit Neoprenanzug und Fackel geht in die eisigen Bodenseefluten.

»Imperia« wacht über die Badenden.

Schauder, am Ufer der Schnee, am Himmel die Sterne, Nackenhaarspalier ob der rund 1,5 Kilometer langen Frostbeulen-Strecke in der Konstanzer Bucht, der Puls beschleunigt, der Kreislauf fährt Achterbahn, rote Nase, weiß-blaue Fingerkuppen, stramme Waden, blasse Lippen, stolz wie Bolle, du bist drin bis zu den Knien, wie ein unförmiger Schneeball ins dunkle Wasser plumpsen, bloß die Haare nicht nass machen, hektisch mit den Beinen zappeln, prusten, fünf Grad Wassertemperatur ist doch gar nicht so übel bei sechs Grad minus Außentemperatur, Fettreserven schmelzen, straffe Haut, die Mimik wird starr, der Teint rosig, mach den Frosch auf dem Rücken, konzentrier dich, immer schön die brennende Fackel nach oben halten, dir heimleuchten, nicht untergehen, im Windschatten der anderen Teilnehmer schwimmen spart Energie, das Thermometer geht nach unten, an dein Vorbild Johann Wolfgang von Goethe und sein Eisbad in der Ilm denken, bewegen, das Immunsystem trainieren, nach dem Winterschwimmen besser schlafen, nicht an dir zweifeln, weiter, du schaffst das, nicht aufgeben, plötzlich Wärme spüren, macht doch Spaß, ja, was für ein Start, nächstes Jahr wieder!

BEWEIS 50

Lass dir vom Veranstalter, der Rettungstauchergruppe der Deutschen Lebensrettungsgesellschaft (DLRG), hier deine Teilnahme bestätigen.

....
....
....
....
....
....

BILDNACHWEIS